A CONSTRUÇÃO DE MIM MESMA

Letícia Lanz

A construção de mim mesma
Uma história de transição de gênero

Copyright © 2021 by Letícia Lanz

Grafia atualizada segundo o Acordo Ortográfico da Língua Portuguesa de 1990, que entrou em vigor no Brasil em 2009.

Capa
Alceu Chiesorin Nunes

Foto de capa
Axel Minguer/ Shutterstock

Foto de quarta capa
José Fernando Ogura

Preparação
André Marinho

Revisão
Tatiana Custódio
Marise Leal

Dados Internacionais de Catalogação na Publicação (CIP)
(Câmara Brasileira do Livro, SP, Brasil)

Lanz, Letícia
    A construção de mim mesma : Uma história de transição de gênero / Letícia Lanz ; posfácio de Angela Autran Dourado. — 1ª ed. —Rio de Janeiro : Objetiva, 2021.

ISBN 978-85-470-0138-4

    1. Identidade de gênero 2. Lanz, Letícia 3. Pessoas transgênero – Brasil – Autobiografia 4. Pessoas transgênero – Identidade 5. Relatos pessoais 6. Sexo – Diferenças I. Título.

21-77479   CDD-306.768092

Índice para catálogo sistemático:
1. Pessoas transgênero : Relatos pessoais   306.768092

Cibele Maria Dias – Bibliotecária – CRB-8/9427

[2021]
Todos os direitos desta edição reservados à
EDITORA SCHWARCZ S.A.
Praça Floriano, 19, sala 3001 — Cinelândia
20031-050 — Rio de Janeiro — RJ
Telefone: (21) 3993-7510
www.companhiadasletras.com.br
www.blogdacompanhia.com.br
facebook.com/editoraobjetiva
instagram.com/editora_objetiva
twitter.com/edobjetiva

A todas as pessoas que, com o seu apoio, acolhimento, carinho e compreensão, me ajudaram a ser quem eu sou, e também àquelas outras cujo menosprezo, ofensa, repúdio e humilhação, longe de impedirem a minha caminhada, acabaram sendo fortes estímulos ao meu crescimento pessoal.

*Lembrar que em breve eu estarei morto é a ferramenta
mais importante que eu já encontrei para me ajudar
a tomar as grandes decisões da minha vida.
Porque quase tudo — as expectativas dos outros, o orgulho, o
medo do fracasso e do ridículo — cai por terra diante da morte,
deixando apenas o que realmente é importante. Lembrar que
você vai morrer é a melhor maneira que eu conheço de fugir da
armadilha de pensar que você tem algo a perder. Você já está nu.
Não há razão para não seguir o seu coração.*

Steve Jobs,
no discurso proferido aos formandos da
Universidade Stanford, em junho de 2005

Sumário

Prólogo: A luz azulada do teto da UTI................................. 11

Eu não nasci no corpo errado.................................... 15
O nome do pai... 26
Quem diria que um dia eu chegaria a ser eu mesma.......... 41
Corpos, roupas e hormônios..................................... 48
Separadas pelo mundo, unidas pelo amor 58
(Quase) tudo sobre minha mãe 80
Família, filhos, netos, tralha & tals............................. 85
Outros tempos.. 94

Posfácio: E a viagem continua,
por Angela Autran Dourado 99
Agradecimentos 105
Notas 109

Prólogo
A luz azulada do teto da UTI

Ou o poço era muito profundo, ou ela caía muito lentamente,
porque teve muito tempo, enquanto descia, para se
localizar e imaginar o que aconteceria a seguir.
Lewis Carroll, *Alice no País das Maravilhas*

Imobilizada na cama da UTI, com fios saindo de mim por todos os lados, tudo o que eu conseguia ver era a luz azulada do teto. Uma luz quase sem luz, como a vida que eu vinha levando até ali. Horas antes, eu tinha dado entrada no hospital sentindo dores horríveis nos braços.

— Parece que estou carregando uma carreta em cada mão — disse ao enfermeiro do pré-atendimento.

Foi o suficiente para ele me pôr numa cadeira de rodas e me levar imediatamente para o setor de urgências cardiológicas. Lá me transferiram para uma maca e colocaram um balde no chão, ao lado da cabeceira. Eu me contorcia de dor e sentia que, pouco a pouco, ia perdendo os sentidos. De vez em quando, instintivamente, me virava de lado para vomitar. Era para isso que o balde servia.

Uma médica apareceu e se identificou.

— Sou a dra. Ludmila e vou acompanhar o seu caso.

— O que é que eu tenho, doutora? Dói muito. Vai passar?

— Você está tendo um enfarte.

Foi a resposta mais fulminante que já recebi na vida.

— Enfarte?

Eu fiquei desolada.

— Não fumo, não bebo, não como carne vermelha, não tomo refrigerante, faço ginástica todos os dias há mais de vinte anos...

— Por isso mesmo ainda não foi dessa vez — respondeu a médica com uma espantosa objetividade.

Se minha forma física estava ótima, a emocional andava péssima. Eu sabia disso havia muito tempo e me sentia impotente para fazer algo a respeito. Mas nunca pensei que a vítima dos meus conflitos emocionais seria o meu próprio coração. O fato é que, lenta e secretamente, eu vinha fabricando uma bomba-relógio que finalmente explodiu dentro de mim.

O coração, órgão central do corpo humano, é também, simbolicamente, a morada de todos os sentimentos e emoções que colorem ou desbotam a nossa existência. A palavra "angústia", que pela etimologia significa estreitamento, traduz literalmente o quanto o coração encolhe e sofre quando a gente não consegue expressar com liberdade quem a gente é.

Ser uma pessoa e me apresentar ao mundo como outra: essa foi a divisão íntima que carreguei dentro de mim até meu coração gritar. Nos últimos tempos, essa discórdia se agravara radicalmente, tornando-se o principal motivo, senão o único, do meu enfarte. Foi a forma que o meu corpo encontrou de dizer que o meu conflito tinha atingido o limite do tolerável e que, definitivamente, eu não poderia mais viver daquele jeito. Dói muito não conseguir ser por fora a pessoa que a gente sente que é por dentro.

— E a dor? Vai passar?

— Não podemos ministrar nenhum medicamento até termos noção exata da extensão do seu caso — respondeu a médica.

Só depois eu soube que tinha desmaiado de dor.

Já era o dia seguinte quando acordei deitada numa maca em movimento. Foi um alívio ver Angela ao meu lado, acariciando meus cabelos e dizendo que ia dar tudo certo.

— Tudo certo o quê? — perguntei.

— Você vai fazer uma angioplastia para colocar uns stents.

Sabe Deus como, mas ela me passou confiança. A estratégia de mostrar-se por dentro dos procedimentos cardiológicos funcionou. Sua calma me trouxe conforto. Eu me dei conta de que, apesar de cansada e com fome, a dor tinha ido embora.

A vida é muito solitária numa UTI. Até aí, nada de novo para alguém que vinha vivendo extremamente só, embora cercada de pessoas muito queridas. Deitada naquela cama, eu me sentia uma sobrevivente de naufrágio, agarrada à última boia do navio, tentando não afundar antes da chegada do socorro. Socorro que só poderia vir de mim mesma. Era eu que estava me negando apoio e aceitação.

A dra. Ludmila veio se despedir. Estava grávida e ia ter o bebê no dia seguinte. Apresentou-me o dr. Antonio, que assumiria o lugar dela, e que é o meu cardiologista até hoje. Ele disse que eu ainda teria que ficar ali por mais alguns dias, em observação, e que naquele meio-tempo tudo poderia acontecer. Pensei comigo mesma o que mais poderia acontecer depois de tudo o que já estava acontecendo. Será que só me restava ficar ali, inerte, olhando a luz quase sem luz do teto da UTI?

Quando a liberdade grita dentro da gente, só há duas coisas a fazer: tapar os ouvidos ou romper de uma vez por todas com os bloqueios que nos mantêm prisioneiros de nós mesmos, nos impedindo de ser livres e felizes. Decidi: se eu sair daqui viva, mudo minha vida. Troco minha vida segura — e miserável — no armário por uma vida imprevisível e arriscada fora dele. De repente, mesmo em minhas piores projeções de futuro, essa nova vida se mostrava infinitamente mais digna, prazerosa e verdadeira do que a que eu estivera levando até ali.

Transicionar era a única coisa a ser feita se eu quisesse continuar viva.

Eu não nasci no corpo errado

Quando eu nasci, um anjo torto
desses que vivem na sombra
disse: Vai, Carlos! Ser gauche na vida.
Carlos Drummond de Andrade,
"Poema de sete faces"

Permitam-me que eu me apresente. Eu sou quem eu sou. Essa foi a resposta que Moisés recebeu de Javé no monte Sinai, quando lhe perguntou quem ele era. Em hebraico, Javé significa literalmente "eu sou". Tal como Javé, orgulhosa e presunçosamente, eu digo que sou quem eu sou. Talvez pareça bobagem, mas poder fazer essa simples afirmação é certamente a maior conquista da minha vida. Por quase cinco décadas, não dei conta de me apresentar ao mundo como a pessoa que sou.

Tenho dois nomes: Geraldo e Letícia. Entre nós nunca existiu nenhuma separação. Eu nunca fui outra pessoa além de mim mesma. A desavença sempre foi entre nós e o mundo, que me obrigou a me apresentar, por décadas, somente na pele de

Geraldo. Geraldo é o nome que meu pai me deu quando nasci. Letícia, que vem do termo latino para "alegria", é o nome que eu me dei ao me batizar na pia da vida. Por ser o nome que escolhi, gosto mais de ser chamada de Letícia, mas não me importo de ser chamada de Geraldo. Como digo sempre, eu me chamo de eu, vocês podem me chamar como quiserem.

Minha vida sempre foi marcada por um conflito permanente entre ser a pessoa que eu sou e ser a pessoa que a sociedade exigia que eu fosse. Por ter nascido macho, isto é, com um pênis, eu devia me manter enquadrada como homem, vivendo de acordo com os padrões e as normas de conduta do chamado mundo masculino, com o qual nunca me identifiquei.

Na minha infância, o meu interesse por brinquedos de menina era tão grande quanto o meu desinteresse por brinquedos de menino. Quando se tratava de roupas e calçados, então, o meu entusiasmo ia às alturas. Por vezes incontáveis, minha mãe me flagrou vestida com suas roupas, seus sapatos e usando suas maquiagens — e me lembro de ter apanhado muito por conta disso. Nascida no início dos anos 1950, numa família mineira de classe média baixa, cercada de valores católicos conservadores por todos os lados, cresci vivenciando no corpo, na cabeça e no coração as consequências da minha identificação com o mundo feminino, que os adultos à minha volta viam como algo assustadoramente inoportuno, para dizer o mínimo. Era uma espécie de missão sagrada me manterem firme na condição de macho masculino homem que a sociedade tinha me atribuído ao nascer.

Os adultos não achavam que estivessem me magoando tão profundamente ao insistir para que eu me comportasse como um menino. Ninguém pensava que eu sofresse tanto cada vez que me obrigavam a brincar com brinquedos tidos, naquela época, como de menino ou me diziam como era feio menino fazer coisas de menina. Ao contrário, talvez imaginassem que eu quisesse confrontá-los em sua "autoridade de adultos" ao não corresponder ao modelo de homenzinho que eu deveria ser. Eles estavam apenas me orientando para que eu me adequasse às exigências do mundo, mesmo que para isso eu tivesse que abrir mão de ser eu. Suas recomendações eram sempre "para o meu bem". Eu jamais poderia nem ao menos suspeitar que não fossem, porque eles me amavam.

Mas, mesmo que não fosse esse o propósito, acabavam sempre fazendo com que eu me achasse uma criança má por não corresponder às suas expectativas, que eram, no fundo, apenas as expectativas da sociedade. A sensação de não estar conseguindo corresponder ao que imaginavam para mim aumentava ainda mais aquele sentimento de mal-estar que por tanto tempo cercou minha vida, e que hoje eu consigo identificar claramente como culpa.

Desde a minha primeira volta nos sapatos de salto da minha mãe, a percepção que me acompanha é que eu faria um favor enorme ao mundo não sendo quem eu sou. Todos pareciam achar que eu estava escolhendo viver de modo errado, indo contra a própria natureza, que me fez menino. Só que escolha é uma coisa completamente diferente de identificação. A gente escolhe quando existe mais de uma alternativa, optando sempre por aquela que ofereça mais recompensas e menos complicações. No processo de identificação não existem escolhas. Quando a pessoa se identifica com algo, deixam de existir alternativas. Em outras palavras, só existe aquilo e nada mais, mesmo que aquilo não traga nenhuma recompensa e, muito pelo contrário, só lhe cause aborrecimentos.

Até hoje a ciência não encontrou elementos conclusivos sobre como e por que acontece essa identificação que a sociedade convencionou enxergar como invertida, sem se dar conta de ser ela própria — a sociedade, e não a natureza — quem cria e sustenta os modelos de homem e de mulher. Trata-se, evidentemente, de um processo muito complexo, envolvendo inúmeros fatores — genéticos, culturais e sociopsíquicos —, que se combinam de modo único em cada pessoa, resultando em uma poderosa vinculação do indivíduo ao modelo de homem e mulher em vigor na sociedade de determinada época e lugar. Considerado patologia, transgressão e pecado, esse fenômeno de "identificação invertida" seria visto como algo absolutamente natural e comum se a sociedade não estabelecesse o cumprimento de padrões tão rígidos e arbitrários de comportamento.

Tive que me virar como pude para ser e parecer homem a fim de ser acolhida e aceita por pai, mãe, irmãos, parentes, vizinhos, professores, colegas e amigos. Percebi muito cedo que assumir e expor publicamente o meu "eu proibido" equivalia a receber pesadas advertências e represálias. Não me assumir como homem, tendo nascido macho, era um crime hediondo, ou, nos termos do catolicismo da minha família, um imperdoável pecado mortal.

Contudo, por mais que eu me esforçasse, não conseguia corresponder de maneira convincente aos estereótipos de homem que me eram exigidos. Na escola, era nítida a minha preferência pela companhia das meninas. Mesmo buscando disfarçar ao máximo qualquer traço de feminilidade no meu comportamento do dia a dia, meus colegas percebiam que eu agia de modo muito diferente do deles. Por causa disso, me chamavam de "mulherzinha", "florzinha", "maricas" e outros termos altamente depreciativos no jargão da masculinidade. Até as minhas características anatômicas — o corpo franzino, a voz aguda — conspiravam contra a minha tentativa de encobrir minha feminilidade latente. Quando me tornei adulta, a falta de barba e de pelos corporais, os traços faciais suaves e a ausência de pomo de adão passaram a denunciar tudo que eu queria desesperadamente esconder. Até de mim mesma.

Uma triste recordação do conflito de não poder ser quem eu era — e ainda ter que ser alguém que eu nunca tinha sido — era a hora de trocar de roupa no vestiário, antes e depois das aulas de educação física. Primeiro, eu fazia de tudo para não ir a essas aulas, de atestado médico a atraso premeditado, só para obrigar o professor a me deixar de fora das atividades. Não havia nada mais constrangedor do que ficar nua diante dos meus colegas. Eu não fazia parte daquele mundo. Embora meu corpo não tivesse nada diferente do corpo dos outros meninos, tirar a roupa diante deles era como revelar o meu segredo mais bem guardado. Imaginava, apavorada, o que eles fariam comigo se descobrissem o meu eu feminino secreto. As tentativas de assédio eram frequentes, e eu tive que brigar muito. Como resultado do bullying que sofri na infância e na adolescência, passei a ter horror de banheiros e vestiários masculinos. Esses fantasmas me perseguiram até muito recentemente.

Como era de esperar, ninguém me via como um menino que gostava de coisas de menina. Não havia distinção entre um menino identificar-se com o universo feminino e ser homossexual: para as pessoas, era tudo a mesma coisa. Seis décadas depois, essa visão ainda continua praticamente a mesma. A adolescência confirmou de forma definitiva esse aspecto da minha sexualidade: ao mesmo tempo que queria ser mulher, eu também queria ficar com mulheres. Minha atração sexual por elas era tão intensa quanto o meu repúdio por contato físico com outros meninos. Mas que mulher era eu, afinal? Alguém que desejava ardentemente pertencer ao mundo feminino, mas não demonstrava o menor interesse sexual por homens?

Não teria sido nenhum problema para mim assumir-me como um homem gay, se eu fosse gay. O que eu não podia aceitar é que a minha identificação com o universo feminino fosse vista automaticamente como homossexualidade masculina, ou seja, como interesse socioafetivo por homens. Minha realidade era outra: eu estava me descobrindo como uma mulher lésbica.

Para levar uma vida socialmente integrada, tive que reprimir toda e qualquer manifestação do meu eu feminino, tornando-me um homem normal para todos os efeitos. O preço disso, além de ter mofado no armário a maior parte da minha vida, foi passar o tempo inteiro em sobressalto, vigiando meu comportamento nos mínimos detalhes, assustada com a ideia de que alguém pudesse me descobrir e denunciar ao mundo a farsa que eu era. É inevitável a sensação de ser uma farsa quando você, desde cedo, é impedida de ser a pessoa que é. Apesar dos anos e mais anos de análise, até hoje me persegue essa sensação absurda de estar enganando o mundo.

Diante dos parcos conhecimentos da época e da tendência moralista e conservadora de se patologizar tudo que estivesse fora dos dogmas instituídos pela sociedade, passei a me ver como uma pessoa duplamente doente. Primeiro, por ter nascido macho e desejar ser mulher. Segundo, por, desejando ser mulher, querer transar com mulheres.

A despeito dessas supostas "doenças" que eu mantinha escondidas a sete chaves, ia fazendo o meu melhor para ser um homem. Conheci, me apaixonei e me casei com uma mulher especial, com quem vivo há 44 anos. Tive dois filhos e uma filha (que me dariam três netos e duas netas). Tornei-me consultor de empresas em recursos humanos, desenvolvimento gerencial e formação de equipes de trabalho, tendo conquistado respeito e boa reputação nessas áreas, com extensa folha de serviços prestados a organizações públicas e privadas, no país e no exterior.

Vez por outra, porém, contratempos e situações críticas do dia a dia colocavam em xeque a vida de homem normal que eu pretendia levar. Era indisfarçável meu olho comprido ao passar por vitrines de lojas femininas, desejando secretamente ter um guarda-roupa com aquelas peças que eu achava tão maravilhosas. Como também era indisfarçável o meu medo absurdo de não passar por homem, que muitas vezes se concretizava na prática quando, de repente, num restaurante, o garçom se dirigia a mim e a minha companheira com um insuspeito "As meninas já pediram?".

Nada, contudo, podia ser pior do que as devastadoras crises existenciais que, sem nenhum motivo aparente, me assolavam cruelmente de tempos em tempos, me atirando sem piedade no fundo do poço. Crises que me deixavam exausta e confusa, entediada com a vida e profundamente irritada com todo mundo, como se fossem responsáveis por meus conflitos pessoais. Quantas vezes minha companheira e meus filhos tiveram que tolerar um pai aborrecido e mal-humorado, sem conseguir entender que a questão não era com eles, mas com a minha incompetência em assumir a pessoa que intimamente eu sempre fui.

Eu só vim a entender quem eu era quando me deparei com o conceito de gênero. Introduzido nos estudos feministas a partir de meados dos anos 1970, gênero é hoje um dispositivo absolutamente fundamental para o entendimento da estrutura de organização e de funcionamento da sociedade, designando o conjunto de papéis, atribuições, responsabilidades, direitos, deveres, privilégios e restrições impostas aos indivíduos em função do seu sexo genital. Gênero veio separar para sempre o determinismo biológico contido na herança genética de cada indivíduo do determinismo sociopolítico-cultural que obriga cada pessoa a cumprir um rol de expectativas na sociedade em função de ser macho ou fêmea. Até então, sexo e gênero — e também orientação sexual — eram concebidos e tratados como um único e mesmo atributo, herdado geneticamente de maneira inexorável ou, pior ainda, determinado pela divindade.

Com a introdução do conceito de gênero ficou praticamente impossível para a ordem vigente defender, ao menos com a mesma naturalidade, a ideia até então predominante de que o simples órgão genital era capaz de definir o comportamento da pessoa nesse mundo, do berço ao túmulo, como sugeriu Freud ao afirmar que "Anatomia é destino".[1] Embora os defensores desse essencialismo biológico continuem advogando que machos biológicos serão sempre "naturalmente" homens, assim como fêmeas biológicas serão sempre "naturalmente" mulheres, com a introdução do conceito de gênero tornou-se absolutamente problemática, além de precária e simplista, a visão de que o sexo biológico é capaz de determinar sozinho o destino das pessoas.

O conceito de gênero veio demonstrar o que, na realidade, todo mundo já sabia de sobra: sem o concurso decisivo da linguagem, da cultura e das relações sociopolíticas com outros indivíduos e grupos de referência, machos e fêmeas biológicos jamais saberiam sequer o que é ser homem ou o que é ser mulher, para não dizer que não saberiam sequer o que é ser macho ou fêmea. Em síntese, o simples fato de uma pessoa nascer com pênis ou com vagina não determina nem assegura que ela irá se tornar automaticamente homem ou mulher, como não determina nem assegura que ela terá uma orientação sexual hétero. A identidade da pessoa dependerá de uma complexa interação entre o seu corpo e os dispositivos sociais, como o gênero, a linguagem e a educação.

É isso que a filósofa e escritora Simone de Beauvoir nos diz no seu livro *O segundo sexo*, lançado em 1949.[2] Ao afirmar que "Ninguém nasce mulher: torna-se mulher", Beauvoir veio a ser a grande precursora do conceito de gênero. Porém, foram necessárias quase quatro décadas para que esse seu postulado revolucionário fosse suficientemente entendido e passasse a ser investigado com rigor científico. Isso começou a acontecer em 1986, quando a historiadora feminista estadunidense Joan Scott lançou o artigo "Gênero: uma categoria útil de análise histórica",[3] considerado uma das principais referências para o estabelecimento do campo dos estudos de gênero.

Beauvoir sempre esteve coberta de razão. O gênero se vale do sexo para impor aos indivíduos, da concepção ao túmulo, uma vasta pauta de exigências sociais de conduta. Trata-se de uma classificação arbitrária, precária e açodada dos indivíduos ao nascer, que naturaliza e ultrassimplifica o longo e exaustivo processo de aprendizagem social pelo qual cada pessoa deve passar até aprender a ser (ou tornar-se) homem ou mulher e poder ser socialmente reconhecida como tal. Uma vez que gênero não é uma herança biológica, mas um aprendizado social, torna-se perfeitamente compreensível e aceitável que um macho biológico, como é o meu caso, possa se identificar com e vivenciar o gênero feminino sem que disponha do "corpo específico" da fêmea.

Eu não nasci no corpo errado, mas na sociedade errada. Por muito tempo, vivi atormentada pelas teorias patologizantes de especialistas da área de saúde física e mental,[4] que a todo custo tentavam me classificar como doente mental; por agentes de controle social que insistiam em judicializar a minha conduta, classificando-a como transgressiva da ordem social; e por religiosos de praticamente todas as confissões, que me consideravam pecadora. Seja patologizando, judicializando e/ou pecaminizando a condição transgênera,[5] a medicina, a psicologia, o sistema jurídico-institucional e o aparato religioso agem no sentido de preservar intacta a ordem sociopolítica vigente, que está fundada no dispositivo binário de gênero masculino-feminino/homem--mulher.

Em síntese, toda forma de expressão identitária que fuja à relação amplamente naturalizada entre sexo e gênero é vista e tratada como transgressão, patologia e/ou pecado, tornando-se, por consequência, objeto de repúdio e represália por parte da sociedade. É a minha transgressão do dispositivo binário de gênero que faz de mim uma pessoa transgênera. Levei a maior parte da minha vida para entender isso que agora me parece tão óbvio.

Sou uma pessoa absolutamente única, como todo mundo é, afinal. E, embora eu viva como mulher, recuso-me a me enquadrar de maneira categórica e definitiva em uma das duas categorias de gênero existentes. Passar a me apresentar como mulher na sociedade — transicionar — não implica de maneira nenhuma que eu deva abrir mão dos papéis que sempre exerci na família e na comunidade.

A crença comum entre pessoas transgêneras é que realizar a transição de gênero implica a adoção integral de padrões de conduta e papéis sociais determinados pelo binarismo de gênero. Tal procedimento elimina o caráter transgressivo e revolucionário da transição de gênero, fazendo dela nada mais do que simples readequação da pessoa ao arbitrário e opressivo dispositivo binário de gênero vigente na sociedade. Assim, um grande número de pessoas transgêneras se esforça diariamente, muito além das suas possibilidades, para se enquadrar justamente nos padrões de gênero que tanto as repelem e que desde sempre têm sido fonte das suas maiores angústias existenciais.

É claro que essa minha posição libertária tem me valido muitas críticas por parte de alguns movimentos identitários, para os quais uma mulher transgênera continuar a ser pai dos seus filhos e marido da sua mulher é considerado uma agressão pessoal e grupal de primeira grandeza, um desserviço à causa. A questão é que esses movimentos não desejam combater as categorias de gênero como mecanismos opressivos, baseados na separação, hierarquização e manutenção de privilégios entre os seres humanos. O que eles desejam é que as pessoas transgêneras sejam irrestritamente incluídas e aceitas nas duas categorias oficiais de gênero, coisa que jamais serão, considerando que a manutenção das diferenças entre homem e mulher continua a ser a base de funcionamento da ordem sociopolítica que aí está.

A maioria das peças que a sociedade me deu como sendo partes de mim jamais se encaixou direito no modelo binário de gênero homem-mulher. Minha vida foi uma sessão contínua de me montar, me desmontar e me remontar, incontáveis vezes, peça por peça, como se eu fosse um quebra-cabeças, até eu poder me compreender, assumindo que não sou nem homem, nem mulher, nem trans, mas tão somente Letícia Lanz, uma construção de mim mesma.

O nome do pai

Pai! Você foi meu herói, meu bandido.

Fábio Jr., "Pai"

Eu nunca perguntei ao meu pai por que ele me colocou o nome dele. Ele também nunca me perguntou o que eu achava de ter que carregar pela vida afora o mesmo nome que ele. Mas, ao contrário de mim, que muitas vezes me sentia confusa e constrangida, meu pai tinha o maior orgulho disso. E, naturalmente, devia imaginar que eu também tivesse.

Não é fácil carregar o nome do pai. Todo mundo fazia questão de nos comparar nos mínimos detalhes, como se eu tivesse obrigação de ser uma cópia fiel dele. E o nome do pai era apenas um dos muitos conflitos nunca explicitados da nossa relação, que, de forma geral, sempre foi muito boa. Por mais amorosas que sejam, relações entre pai e filho são caracteristicamente tensas e contraditórias, em especial na nossa cultura cristã ocidental, em que um Deus patriarcal lança mão do seu próprio filho para realizar os seus objetivos pessoais.

Sou o primogênito de uma família de cinco filhos e uma filha. Depois de mim, veio uma menina, morta pouco tempo após ter nascido, seguida de quatro meninos. Por terem perdido minha irmã tão cedo, meu pai e minha mãe passaram a vida desejando uma filha. Mas, antes que alguém se apresse em concluir que o motivo de eu ter me tornado uma mulher transgênera foi o de atender o desejo dos meus pais por uma filha, devo dizer que, muito pelo contrário, anos de análise me fizeram ver que uma coisa não tinha nada a ver com a outra — mas, ao mesmo tempo, tinha, de uma forma que as evidências nunca foram tão óbvias quanto podiam parecer à primeira vista.

Apesar de ter passado a vida querendo uma menina, nunca foi desejo do meu pai, e muito menos da minha mãe, que essa filha fosse eu. Consciente ou inconscientemente, me registrar com o seu próprio nome revela que o desejo do meu pai era que eu fosse uma versão revista e melhorada dele mesmo. Minha identificação com o gênero feminino é uma coisa minha, uma parte constitutiva da minha subjetividade, do meu próprio ser.

Meu pai era muito inteligente e sensível, com uma espiritualidade intensa e um apreço enorme pela vida. Nascido de mãe solteira, numa condição muito pobre, teve que trabalhar desde cedo para ajudar no sustento da família, que incluía ainda uma irmã menor. Mas, em vez de ter se tornado alguém triste e amargo com os imensos obstáculos que enfrentou na infância e na adolescência, trazia sempre um sorriso aberto e franco no rosto sereno e acolhedor, e mantinha uma maneira sempre decidida de enfrentar as dificuldades, por maiores que fossem.

Em todo o nosso longo convívio, nunca o vi reclamar de nada ou maldizer o que quer que fosse da vida que levava. Ao contrário, dizia sempre estar recebendo muito mais do que precisava ou merecia. Ainda que ele nunca expressasse isso de forma dura ou sofrida, apenas duas coisas pareciam incomodá-lo neste mundo: não ter podido estudar, por falta absoluta de recursos, e não ter conhecido o próprio pai. Minha avó, que lhe deu muito amor e de quem ele herdou a força, nunca quis que ele soubesse de quem se tratava. E morreu sem lhe dizer quem era.

Pelo menos no quesito estudos, consegui fazer com que meu pai pudesse se sentir realizado comigo. Ler e estudar eram as formas de me manter protegida e "por cima" num ambiente que me era basicamente hostil. Minhas notas na escola e minha evolução intelectual deixavam meu pai visivelmente feliz. Autodidata e pesquisador por natureza e epicurista por intuição, foi ele quem me introduziu na literatura, no teatro, no cinema, na música e na gastronomia. Ele tinha prazer em conhecer e saborear a vida.

Uma de suas grandes paixões era torcer pelo Clube Atlético Mineiro, mas eu, ao contrário dele, não sentia nenhuma atração, nem tinha nenhum talento para o futebol. Aliás, para esporte nenhum. Eu era, como ainda sou, fascinada pela dança, inclusive a dança de salão, com seus tangos, boleros, rumbas e sambas--canção, que meu pai dominava como ninguém numa pista, exímio dançarino que era. Mas as minhas maiores paixões eram o balé clássico e a dança contemporânea, inclinações que eu jamais poderia revelar ao meu pai sem lhe causar grande preocupação com a minha orientação sexual. Na opinião dele — e de todo mundo daquela época —, balé era coisa de viado (como grafamos no gueto). E ser viado era o pior vício, pecado e crime que um macho podia cometer.

Tive muita sorte de ter tido o pai que tive. Ele era uma pessoa realmente extraordinária, de longe o melhor homem que conheci em toda a minha vida. Eu teria sofrido muito mais do que sofri se tivesse um pai sem a sua sensibilidade. Desde muito cedo, ele

percebeu que eu não era um menino como os outros e dificil-
mente seria o seu clone melhorado, como era o seu desejo. Ele
fazia questão de me elogiar para os amigos. "Neném (era assim
que ele me chamava) é um menino muito inteligente; tenho certeza de que vai acabar sendo ministro de Estado ou até mesmo
presidente da República", dizia para todo mundo, orgulhoso, ao
seu modo e de acordo com os seus valores.

Não fosse por um pequeno detalhe, a nossa relação de pai e
filho seria perfeita: tudo o que mais me atraía nesse mundo era
"coisa de mulher", o que, por eu ser homem, se transformava automaticamente em "coisa de viado". E meu pai sempre dizia pre-
ferir um filho morto a um filho viado. Nunca acreditei realmente
nisso, mas ele insistia nessa fala, como uma forma de afastar da
sua vida o fantasma da homossexualidade que persegue a maioria
dos homens deste planeta. Estou certa de que ele replicava esse
mantra nefasto apenas para não se sentir totalmente fora do coro
dos machões, coisa que definitivamente ele nunca foi.

Embora insistisse em me lembrar o tempo todo, de todas as
formas possíveis, que eu devia ser e agir como homem, "honrando
as calças que eu vestia", meu pai era um homem extremamente
feminino. Tinha uma caligrafia perfeita, foi precursor no uso de
cremes e perfumes masculinos e adorava ir a shopping centers,
coisas raras entre seus pares. Emocionava-se e chorava diante
das pessoas com a maior facilidade, e já dividia as tarefas da casa
numa época em que ainda era tabu a participação dos homens
no trabalho doméstico. Papai frequentou, levando minha mãe
pelo braço, a Escola de Pais, uma instituição que nos anos 1960
trouxe para o Brasil a ideia de educar os filhos através do diálogo, de maneira amorosa e não autoritária, coisa bem incomum
naquela época, e que parecia ser um modelo educacional feito
de encomenda para ele.

Minha mãe batia, meu pai conversava. Sua maneira de punir era estritamente verbal. Mas doía tanto, tanto, que eu penso se não teria sido menos dolorido ser castigada fisicamente. Suas sessões de advertência e aconselhamento eram os momentos em que eu achava mais pesado e penoso carregar o nome dele. Eu me sentia culpada e envergonhada de não conseguir atender aos anseios do meu pai. E quanto mais eu crescia, menos eu conseguia me ajustar e mais eu constatava a minha inadequação à masculinidade compulsória.

Se alguém me perguntasse o que eu queria ser quando crescesse, no meu íntimo eu respondia, sem pestanejar: quero ser mulher. Por muitas décadas essa resposta foi mantida abafada dentro de mim. Dizê-la alto e bom som seria decepcionar meu pai, condenar minha alma ao inferno, minha mente à loucura e meu corpo ao mais baixo nível de moralidade e degradação humana. Cresci dividida entre a vergonha de ser chamada de mulherzinha pelos colegas e o desejo persistente de ser mulher.

Mal aprendera a me comunicar com os outros e já me sentia uma pessoa estranha e deslocada. Com três ou quatro anos, meu maior desejo era ter uma boneca. Pedia insistentemente aos meus pais que me dessem uma. De tanto repetirem que não, não e não, passaram a fazer cara de paisagem para os meus apelos, fingindo não me ouvir ou não entender o meu pedido. No lugar da boneca, sempre apareciam com mais uma bola ou um caminhãozinho.

Um dia, minha avó materna me deu uma boneca enorme, feita de papelão, do tipo que há muito tempo nem se fabrica mais. Eram bonecas muito grandes, feias e desajeitadas, e tinham umas roupas de papel crepom que eram simplesmente horríveis. Mas, por serem baratas, era o que minha avó podia comprar, dentro do seu mirrado orçamento de costureira. Minha mãe e meu pai ficaram furiosos com ela, mas ninguém ousou tirar a feiosa boneca de papelão dos meus braços. Para mim, ela continua sendo o presente mais especial e mais inesquecível que recebi em toda a minha vida.

Infelizmente, porém, a boneca teve vida breve. Num excesso de zelo e carinho, resolvi dar-lhe um banho e ela, feita de papelão, desmanchou na água. Meus pais se sentiram certamente aliviados com o providencial desaparecimento daquele estrupício, mas contam que eu chorei tanto, mas tanto, que chegaram a cogitar me dar outra boneca, coisa que, naturalmente, nunca fizeram. Minha mãe até hoje diz, vitoriosa, que eu "consegui superar" o meu desejo por uma boneca — aliás por um "boneco", eufemismo que ela sempre usou para disfarçar propositalmente a natureza feminina do brinquedo, assim como a natureza feminina do meu desejo.

Com exceção da minha vó, em toda a minha infância, ninguém mais ousou reconhecer, legitimar ou atender o meu desejo por uma boneca. Só ela conseguia me enxergar pelos olhos do amor incondicional, sem se deixar levar pela interdição social que me era imposta. Vinda do meio rural e analfabeta, ela foi a única pessoa com sensibilidade para compreender e aceitar, naquele universo mil vezes mais intolerante do que é o mundo de hoje, o pequeno netinho que gostava de brincar de boneca.

A religião foi um grande carrasco na história da minha autorrepressão. A doutrina da Igreja católica era a principal fonte de todas as normas e proibições que me obrigavam a manter presa dentro de mim a parcela mais essencial do meu ser. Durante boa parte da vida, fui massacrada por normas de conduta cujo descumprimento era pecado mortal.

Um dia, entrando na adolescência, apareci em casa com uma camisa vermelha. Minha família seguia um rígido código de cores, em que o vermelho definitivamente não era autorizado para o uso masculino. Ainda que fosse mais vinho do que vermelha, a cor da minha camisa mexeu muito com os valores familiares. Meu pai chegou a convocar o Conselho de Padres e Freiras, órgão supremo a ser consultado e ouvido quanto a decência, recato e moralidade cristã dos atos praticados por membros da família. Após longos e exaustivos debates, a camisa vermelha foi liberada pelo Conselho, com a condição de nunca ser usada para ir a uma missa ou a qualquer outra "ocasião de cerimônia".

Paradoxalmente, era na igreja que eu encontrava algum espaço para manifestar o meu desejo proibido. Como coroinha, eu podia vestir uma batina vermelha com uma sobrepeliz branca rendada e desfilar, destemida e garbosa, pelas ruas do bairro durante as procissões solenes, sem o perigo de ser chamada de maricas, viado e afeminado. E sem ter que brigar para me defender, pois ai de quem atacasse um coroinha! Estaria para sempre excomungado da graça divina. Embora ninguém soubesse exatamente o que era a tal da graça divina, o castigo de quem se aventurava contra ela era ficar queimando para sempre no fogo do inferno. O problema é que também queimaria no fogo do inferno quem fizesse mau uso das coisas sagradas. Seria o meu caso? "Mas é só em pensamento", eu ponderava. Talvez Deus pudesse compreender os meus motivos e me perdoar. De qualquer maneira, eu jamais mencionaria nada dos meus desejos secretos nas minhas confissões. Com que cara eu ia olhar para o padre que me confessou depois de lhe ter contado que eu queria simplesmente ser mulher? A procissão passava; a vontade de vestir saia, não.

Aos oito ou nove anos, enquanto os outros meninos estavam na rua jogando pelada, eu explorava, maravilhada, o guarda-roupa da minha mãe, que acabou se transformando para mim numa espécie de playground proibido e secreto. Ela odiava que eu invadisse assim, sem consentimento, o seu território de mulher. Nem muitos anos de análise conseguiram trazer de volta os registros dessa fase, duramente recalcados nas profundezas do meu inconsciente. Mas lembro claramente que volta e meia minha mãe me flagrava brincando de ser mulher, com batom, calcinha, sutiã e salto alto. E que todas as vezes que me pegava fazendo isso — e não foram poucas — eu era punida com palmadas à altura da minha violação de conduta. E que ela sempre se sentia na obrigação (ou seria uma forma de vingança pela invasão da sua propriedade?) de contar para o meu pai, cobrando dele providências enérgicas a meu respeito.

Uma vez, quando estávamos de férias numa praia do Espírito Santo, esperei que todo mundo saísse e me tranquei no quarto do hotel onde a família se hospedava para colocar um maiô da minha mãe que eu simplesmente adorava. Como sempre acontece em histórias desse tipo, minha mãe precisou voltar para apanhar alguma coisa e percebeu que a porta do quarto estava trancada por dentro. Pronto, o circo já estava armado e os ingressos esgotados. Em meio às duras repreensões que se seguiram, ela não deixou que eu tirasse o maiô, me obrigando a ficar com ele até o meu pai chegar para ver aquela belezura.

Montar-me e desmontar-me, sempre correndo e de maneira furtiva, morrendo de medo de ser descoberta por minha mãe, foi minha rotina por muito tempo. Já na adolescência, desenvolvi técnicas mais apuradas, observando formas e horários menos denunciadores do ato que, segundo meu pai, era uma "afronta às calças que eu vestia".

Meu único período de total liberdade para me vestir como eu bem entendesse, sem ninguém para me vigiar e punir, foi quando eu fui trabalhar no Rio de Janeiro. Morando sozinha, em um pequeno apartamento, pela primeira vez na vida eu pude formar um guarda-roupa com peças, calçados e adereços do vestuário feminino. E era assim que eu me vestia em casa, completamente à vontade, reconhecendo e legitimando a pessoa que eu sentia ser. No entanto, como que para me livrar e me penitenciar do meu "desvio de conduta", ao voltar a morar em Belo Horizonte dei todo o meu guarda-roupa feminino para a minha diarista, dizendo-lhe serem coisas que a minha irmã estava doando, por estar em mudança para o exterior.

O rigor moral das falas do meu pai me deixava quase sem forças para continuar desejando ser eu mesma. Mesmo assim, eu não parava de sonhar. Quantas noites rezei para que o meu anjo da guarda me transformasse numa menina durante o sono! Mas a minha grande preocupação era que o anjo também se lembrasse de apagar da memória de todo mundo que eu havia sido um menino. Caso contrário, eu teria que explicar a minha súbita transformação, e isso não seria uma tarefa nem fácil nem agradável.

Minha vida foi uma sucessão de tensões entre faltas e excessos enormes. Do mesmo modo que me faltou o mínimo de apoio e compreensão para o meu desejo de ter uma boneca, sofri um excesso de repressão no sentido de me tornar homem. Quando, lá pelos três anos, calcei um sapato de salto alto da minha mãe, imediatamente descobri duas coisas, uma muito boa e outra muito ruim. A primeira, muito boa, é que eu simplesmente adorava a sensação de andar em cima do salto, e a segunda, muito ruim, é que todo mundo à minha volta, exceto a minha avó materna, parecia se incomodar tremendamente com esse comportamento. De um lado, o conforto e o prazer de estar sendo quem eu era.

Do outro, olhares de reprovação, muitas vezes insuportavelmente hostis e cruéis.

O pior mesmo era não compreender o que se passava comigo e não ter ninguém com quem conversar a respeito. Apesar do bom nível do diálogo que eu tinha com meu pai, jamais teria tido coragem de contar para ele essas minhas inquietações. Quando eu tentei conversar sobre a minha dificuldade de lidar com colegas que me provocavam, ele se limitou a dizer:

— Você não é homem, não? Mostre a eles que você é homem!

— Mas eles são mais fortes do que eu... Podem me bater...

— Bata neles também, ora! Mostre que você também é forte. E lembre-se: se apanhar na rua, apanha de novo em casa.

A saída foi aguentar e esperar o tempo passar. Muitos não resistem. Eu sobrevivi.

Por volta dos doze anos, começaram a aparecer pelos no meu rosto e nas minhas pernas. Eu me desesperei. Tranquei-me no banheiro, peguei a lâmina de barbear do meu pai, ensaboei as pernas e parti para uma luta direta com os pelos que surgiam. Porém, o máximo que consegui foi um corte, extenso e profundo, que atingiu um vaso, e comecei a sangrar aos borbotões. "Cortei num prego", disse ao meu pai, chamado às pressas por minha mãe para me levar ao pronto-socorro. Claro que a mentira não colou e eu tive que contar a ele o que eu realmente estava fazendo trancada no banheiro. A cicatriz nunca saiu da minha perna esquerda, nem do meu coração.

Cada episódio como esse era motivo para meu pai reforçar seus discursos moralizantes. Eu o ouvia compenetrada, rezando baixinho para que Deus me ajudasse a nunca mais ter aqueles "maus pensamentos". Mas ajudava o quê! Eu acabava mesmo era

35

me masturbando de novo e de novo, imaginando que eu era uma mulher fazendo sexo com outra mulher. Embora eu não tivesse noção exata do que se passava comigo, sentia que não tinha nada a ver com sexo. Sabia apenas que eu me identificava e queria me expressar como mulher e que eu não sentia atração sexual por homens. Mais do que ter um corpo como o delas, vestir-me como elas, comportar-me como elas, eu queria ficar com elas. Para mim, só fazia sentido ser mulher e amar as mulheres.

Apenas duas vezes na minha adolescência fiquei balançada por outros meninos, mas nada importante aconteceu entre nós. Minha atração por eles nem se comparava ao que eu sentia por elas, além de ter um aspecto completamente distinto da minha paixão por meninas. A primeira vez foi por um amigo da vizinhança, por quem eu achei que estava ficando apaixonada, mas, no final, não era nada disso, apenas uma amizade muito profunda e sincera. A segunda vez foi por um colega de sala de aula que mexia demais com a minha libido. Ele tinha traços muito femininos, como eu, e gostava das mesmas coisas que eu, especialmente roupas e calçados mais ousados, que poucos adolescentes da nossa época tinham a audácia de usar. Mas não houve nada físico entre nós. Permanecemos como bons amigos que tinham as mesmas predileções, se admiravam muito, e só.

Um dia, quando eu já era rapaz, voltei das férias sem a família para estudar para o vestibular. Como eles só retornariam dias depois, senti-me livre e segura o suficiente para me montar com as roupas da minha mãe, com todos os requintes a que eu tinha direito. De repente, numa manhã, ouvi o barulho da chave na porta da frente. Meu pai precisou voltar antes — não havia celular e a comunicação era bastante difícil, especialmente se você estivesse numa praia do Espírito Santo e quisesse falar com alguém em Belo Horizonte — e me encontrou montada, totalmente à vontade. Ele entrou sem dizer nada, beijou-me como de costume e sem alterar a expressão, sempre calma, disse que eu me preparasse para sairmos à noite, "para dar umas voltas". Passei o dia inteiro imaginando que ele iria me levar a um puteiro. Talvez por me sentir tão mulher, eu tinha horror de casas de prostituição, aonde os pais levavam os filhos para descobrir, testar e reforçar a sua virilidade.

Eu era insistentemente interpelada pelos colegas de escola e da rua querendo saber se eu já tinha "desmamado" (este era o termo utilizado para descrever a primeira trepada de um garoto). Embora todos os meus colegas tivessem uma ponta de dúvida sobre a minha sexualidade, passei a responder com ar de superioridade que eu já era desmamada havia muito tempo, que tinha sido na praia, com uma garota linda, e não levava a conversa adiante.

Volta e meia meu pai falava em me levar a um prostíbulo, para eu me tornar homem, especialmente quando estava na companhia dos amigos dele. Mas sempre ficava, como acabou ficando, apenas como bravata pessoal. Ele também não tinha certeza de quem eu era, e sua sensibilidade jamais permitiria que ele me tratasse com desrespeito ou insolência. Era nisso que eu apostava enquanto pensava que iríamos sair naquela noite "para dar umas voltas".

Dentro do carro, os dois mudos, concluí, pelo rumo que ele tomou, que o nosso destino seria a zona boêmia da cidade. Quando chegamos lá, ele parou o carro numa rua movimentada e foi apontando as pessoas que circulavam na calçada, do lado de fora.

— Tá vendo aquela ali? É uma prostituta. Aquela outra é "um" travesti. É isso que você quer ser? É esse o destino que você quer para a sua vida?

Intimamente eu respondi que sim, porque achava que aquela era a única vida possível para alguém como eu. Eu não sabia, como não soube por muito tempo, e como muita gente ainda não sabe, que a vida de uma travesti não precisa ser necessariamente a rua e a prostituição, que uma travesti pode ser tudo o que qualquer outra pessoa pode e tem o direito de ser nesse mundo.

Meu pai me levou para ver a zona de meretrício porque, na concepção dele, esse era o meu único futuro possível caso eu "decidisse ser" travesti. Foi uma jogada de mestre. Despertou em mim um medo descomunal de ser quem eu sempre fui sem poder ser. Jogou um balde de água fria no desejo que eu acalentava em segredo, elevando para as alturas meu grau de autorrepressão. Passei mais de quatro anos sem ao menos tocar numa peça do vestuário feminino, tentando desesperadamente ser homem. Por muitas décadas, a pergunta do meu pai continuou ecoando na minha cabeça: "É esse o destino que você quer para a sua vida?".

Graças à vigilância, aos sermões moralizantes e ao terrorismo dele, no final da adolescência eu tinha "virado" homem. Alguém que me visse ou conversasse comigo não notaria qualquer traço de feminilidade. Bom, pelo menos era assim que eu gostava de pensar, embora soubesse que não era exatamente o que ocorria. Ninguém consegue esconder tão bem dos outros as marcas que traduzem a sua essência. Por dentro, como num vulcão adormecido, borbulhava o magma do desejo dura e longamente reprimido, pronto para entrar em erupção no primeiro descuido da vigilância da sociedade, que a essa altura já tinha se convertido num terrível e onipresente patrulhamento interno.

Meu pai foi minha grande referência ética e moral. Eu me espelhei nele para quase tudo que fiz. Um dos meus maiores tormentos era pensar que poderia decepcioná-lo. Realizar os projetos que ele tinha para mim foi, durante muito tempo, o meu principal objetivo na vida.

No ano 2000, meu pai foi atropelado e teve que ser internado, em estado grave, numa UTI. Tinha sofrido traumatismo craniano, e os primeiros prognósticos indicavam que jamais voltaria a se movimentar, caso sobrevivesse, o que também era dado como uma possibilidade remota. Demonstrando uma incrível vontade de viver, pouco a pouco ele fez os médicos voltarem atrás nas suas sombrias previsões, tendo que mudá-las para melhor diversas vezes. Em doze dias, ele já estava no quarto. Foi quando começaram a aparecer pessoas para visitá-lo que ninguém da nossa família conhecia. E elas pareciam ter grande intimidade com ele. Não demorou muito para entendermos que elas eram membros de outra família, uma família que meu pai vinha mantendo, em segredo, havia vinte e cinco anos.

O pai que, durante toda a minha vida, tinha sido o bastião da moral e dos bons costumes, aparecia agora como uma pessoa comum, sujeita aos desejos e às falhas de qualquer mortal. Em vez de ficar decepcionada, para mim foi um alívio saber que meu pai também era feito de carne e osso, e desde o primeiro momento dessa bombástica revelação, dei-lhe todo o meu apoio.

A descoberta de que meu pai tinha outra família funcionou como uma verdadeira válvula de descompressão psíquica. De uma hora para outra, vi se afrouxarem dentro de mim os duríssimos mecanismos de autobloqueio que por tantas décadas tinham me impedido de realizar o desejo de ser eu mesma.

Poucos meses depois do incidente eu já tinha montado um guarda-roupa feminino completo. Ainda que eu tivesse que esperar mais algum tempo para assumir e expressar ao mundo a minha identidade feminina, era o começo da ocupação do meu próprio território, tantos anos mantido a distância, como zona proibida.

Tempos depois, quando eu já me encontrava em transição, procurei meu pai em Belo Horizonte e convidei-o para jantar num restaurante português que ele adorava.

— Pai...

— O que foi?

— Você agora tem uma filha. Decidi que vou ser a pessoa que eu sempre acreditei ser. Essa foi a promessa que eu me fiz quando eu estava na UTI. Peço desculpas se não dou mais conta de continuar sendo o Geraldo.

E comecei a chorar.

Carinhosamente, ele me acariciou os cabelos e disse:

— Você não tem que chorar. Você sempre foi pessoa digna e responsável, e sempre soube tomar as decisões que julgou mais acertadas para a sua vida. Não penso que será diferente de agora em diante. Faça o que o seu coração está lhe dizendo e seja feliz. Você tem uma família linda, uma mulher admirável, filhos que amam você e que o respeitam muito. Eles já sabem? A Angela já sabe?

Foi o nosso último encontro. Meu pai morreu em outubro de 2011, aos 87 anos. Mas, para mim, ele continua vivo. Somos ótimos amigos e temos excelentes diálogos, cada vez mais francos e sinceros, já que ele não me reprime mais. O nome do pai nunca mais impediu o meu gozo.

Quem diria que um dia eu chegaria a ser eu mesma

Sim, sou eu, eu mesmo, tal qual resultei de tudo,
Espécie de acessório ou sobresselente próprio,
Arredores irregulares da minha emoção sincera,
Sou eu aqui em mim, sou eu.
Álvaro de Campos (Fernando Pessoa)

A luta para me libertar das amarras do gênero, que culminou no enfarte, em 2010, começou muito cedo em minha vida — aos três anos, quando fui inexplicavelmente impedida de brincar com bonecas, passar batom ou colocar os sapatos de salto da minha mãe.

Foram mais de cinquenta anos, do momento em que percebi que havia algo muito diferente no meu comportamento em relação às outras crianças até o momento em que me senti fortalecida o bastante para expressar publicamente a minha diferença. Cinco décadas para me compreender e me aceitar como sendo uma pessoa transgênera.

Querer sempre corresponder aos anseios dos outros a nosso respeito é uma condição humana por excelência, que se torna uma verdadeira maldição quando aquilo que queremos é o oposto do que os outros desejariam que quiséssemos. Se não conseguimos atender as expectativas do outro, nos sentimos imediatamente culpados. Culpa é a vergonha que sinto de não conseguir ser ou fazer o que os outros esperam de mim, e transforma o processo de transição numa verdadeira batalha pessoal, de você contra você mesma. A mesma pessoa que quer, que necessita terrivelmente viver e se expressar numa outra categoria de gênero, tem todos os motivos do mundo para não executar essa mudança. Condicionada pela família, pela escola, pela religião e pela sociedade a me sentir envergonhada e culpada pelo meu desejo transgressivo, passei a maior parte da minha vida recalcada, me reprimindo e me autopunindo.

A forma mais devastadora de preconceito que experimentei na vida foi o autopreconceito que a família, a escola e a sociedade me levaram a ter. À medida que eu crescia, o preconceito que me foi enfiado goela abaixo desde os meus primeiros passos neste mundo fez com que eu me transformasse na minha maior inimiga. Era o mundo contra mim o tempo inteiro, comigo descaradamente apoiando e defendendo o mundo.

Foi isso que me manteve no armário por tanto tempo. Temendo perder o que, no fundo, eu nunca quis ter — a imagem e a reputação de um homem bem-sucedido —, eu renunciava ao que eu mais queria neste mundo: ser eu mesma. Infelizmente, autocomiseração e autopiedade neurótica são comportamentos presentes em inúmeras vidas transgêneras. Sei de pessoas transgêneras que parecem até mesmo sentir um prazer mórbido em descrever suas desventuras antes, durante e depois da transição, dando a entender que se trata de um sofrimento interminável, uma dor incurável, com o que, portanto, o processo de transição não valeria ser nem ao menos cogitado, quanto mais vivido.

Contraditoriamente, contudo, até hoje não vi ninguém dizer que se arrependeu de ter transicionado.

Para manter alguma "tranquilidade psíquica", eu justificava a minha impotência com base em obstáculos que me pareciam intransponíveis — e que realmente eram, diante da minha inércia. Ao mesmo tempo, alimentava esperanças completamente desesperançadas de tempos melhores, que nunca haveriam de chegar comigo trancada no armário. Por muito, muito tempo, fui presa desse discurso e alimentei queixas — se não fossem os compromissos matrimoniais, familiares, profissionais, religiosos e financeiros; se minha mulher, meus pais, filhos, parentes e amigos fossem mais abertos e receptivos; se os ambientes de trabalho não fossem tão cruelmente machistas; se o mundo fosse mais acolhedor ou, pelo menos, menos hostil. Uma das marcas registradas das pessoas transgêneras que não assumem a sua transgeneridade é gastar um tempo enorme justificando — para si e para quem conhece sua vida "secreta" — a sua total impossibilidade de viver de forma permanente nessa condição.

Identidade de gênero não é algo que possa se dar de fora para dentro: ninguém, exceto você mesma, poderá lhe dizer quem você é ou lhe conceder autorização para que você seja quem quer ser. E há, sim, o enorme perigo de você se enganar profundamente a respeito de quem você pensa que é. Um ótimo ponto de partida para se assumir é tentar compreender a natureza do seu desejo, perguntando-se até onde ele é somente um fetiche — que desaparece inteiramente ao ser realizado e volta a aparecer apenas de modo intermitente — ou se tem a força e a intensidade de um destino existencial, devendo, portanto, ser assumido em caráter permanente, a fim de que você tenha o conforto psíquico necessário para continuar viva neste mundo.

Precisei de muita força, coragem e determinação para trocar a moral hipócrita e castradora que me foi imposta pelo princípio ético-libertário enunciado por Freud, de que a felicidade é uma questão individual em que nenhum conselho é válido e cada pessoa deve buscar, por ela mesma, a sua forma própria de ser feliz.[6] Por mais que a sociedade nos exija posturas de heróis e heroínas, somos apenas e tão somente pessoas de carne, osso e desejo. Especialmente de desejo, que é, afinal, o que nos move, o que nos mantém vivas. Por mais que o nosso desejo pareça abominável aos olhos da sociedade, tudo que temos a fazer, se quisermos ser criaturas minimamente equilibradas e felizes, é correr atrás dele, com todas as nossas forças. Como propôs Lacan, a única coisa da qual se pode ser culpado é de ter desistido do seu desejo.[7] Dentro dessa ética existencial preconizada por Freud e ratificada por Lacan, só eu podia me autorizar a desejar o meu desejo e a gozar o meu gozo.

Transição de gênero é o processo de uma pessoa passar a viver integralmente, 24 horas por dia, 365 dias por ano, na categoria de gênero oposta àquela que lhe foi designada ao nascer. Transicionar, em si, ainda é uma jornada quase suicida, muito difícil, mesmo no mundo atual, em que, por piores que sejam, as condições de vida das pessoas transgêneras já melhoraram substancialmente.

Transgeneridade é, por definição, uma condição de desvio e de transgressão do dispositivo binário de gênero, uma das principais instituições da sociedade em que vivemos. E pessoas que transgridem a "ordem vigente", por mais estapafúrdia que seja essa ordem, jamais foram bem recebidas em nenhuma sociedade de nenhuma época. Umas mais, outras menos, a questão é que toda pessoa transgênera tem muito do que se queixar quanto ao tratamento que recebe em casa, na escola, no trabalho e na comunidade. A aceitação plena da condição transgênera ainda é um sonho muito remoto numa sociedade que diariamente dá mostras da sua incapacidade de abraçar a diversidade e conviver democraticamente com as diferenças.

Eu estava completamente equivocada ao aguardar o surgimento de um ambiente externo mais seguro e acolhedor. Além de não oferecer nenhum suporte ou proteção, a sociedade coloca barreiras, obstáculos e interdições de toda espécie para as pessoas que decidem transicionar. Jovem ou velha, rica ou pobre, branca ou preta, nenhuma pessoa transgênera consegue escapar da ira da sociedade ao ver que um dos seus pilares — o binarismo de gênero homem-mulher — está sendo transgredido. As coisas são ainda piores se, além de transgênera, a pessoa é pobre e/ou preta e/ou periférica, condições que por si só já impõem a ela uma pesadíssima carga de estigma social.

Eu estava com mais de cinquenta anos quando me autorizei a transicionar. Além do repúdio e da condenação, ostensiva ou velada, de quase toda a sociedade, ainda sofri a rejeição de muitas pessoas dentro do próprio gueto transgênero. Não fui poupada de pesadas críticas por estar transicionando "em idade avançada" ("Isso é coisa para gente jovem", diziam...) ou por ter, na concepção deles, uma condição de vida mais favorável ("Não teve que passar o que nós passamos, 'fazendo pista'"). Nem de longe eu tinha a ilusão de que a sociedade que me condenou a viver no armário por décadas fosse me receber com fogos, champanhe e tapete vermelho depois da minha transição. Mas, sinceramente, eu esperava receber ao menos o apoio de pessoas que eu imaginava serem iguais a mim.

Desci aos infernos diversas vezes, amargando o meu enfrentamento da hipócrita moral do desejo em vigor na nossa sociedade. Perdi todos os meus clientes de consultoria, que, num silêncio grave e obsequioso, passaram simplesmente a fingir que nunca me conheceram nem conviveram comigo. Com a perda total de trabalhos de consultoria, fiquei sem a minha única fonte de renda. Da minha conta bancária cheia de zeros ficaram apenas os zeros. Minha agenda, antes repleta de compromissos, ficou vazia. Do nada, todo o meu histórico profissional de décadas tinha virado um monte de páginas sem nenhum valor.

Tive que enfrentar a falta de oportunidades de trabalho e a invisibilidade profissional a que fui condenada em virtude da minha transição. No início, eu ficava muito triste e angustiada ao perceber que antigas amizades viravam a cara, desviando o olhar quando cruzavam comigo. Resisti à tentação de me transformar em vítima da história que eu própria tinha decidido escrever, da mesma forma que antes eu tinha sido vítima da história que os outros tinham escrito para mim. A todo momento, eu procurava lembrar que estava trocando uma vida confortável, mas miserável, no armário, por uma vida digna e prazerosa, mas altamente insegura, fora dele.

Aos poucos, fui compensando a falta de trabalhos de consultoria com o atendimento na clínica psicanalítica, que eu já vinha exercendo de maneira incipiente desde meados dos anos 2000. Ao mesmo tempo que antigos clientes de empresas me fechavam as portas sem aviso ou explicação, continuavam comigo pessoas que já vinham em análise antes da minha transição, assim como chegavam novos analisandos, buscando o meu suporte como psicanalista. Esse foi um dos grandes alentos que tive na minha transição: descobrir que, embora tantas pessoas tivessem solenemente passado a me excluir e a me desprezar, muitas outras mantinham a confiança na minha competência profissional. É muito, muito bom saber que pessoas sensatas compreendem que transição de gênero não modifica em nada a competência de ninguém.

Não foi nada fácil chegar a ser eu mesma. Mas é infinitamente mais fácil e prazeroso ser quem a gente é do que ser outra pessoa. Quem quiser me inscrever numa matriz cultural de inteligibilidade pode dizer que eu sou uma pessoa transgênera, com a identidade mais próxima de uma travesti ou transexual e orientação sexual lésbica. Meu aviso aos navegantes é que não me sinto nem um pouco responsável por eventuais contradições e desconfortos conceituais, lembrando que eu, pessoalmente, não tenho mais o menor interesse em me inscrever em nenhuma matriz cultural de inteligibilidade de gênero. Meu esforço é para me inscrever — e para me manter inscrita — numa matriz de *sensibilidade social*, na qual eu possa ser aceita, reconhecida, legitimada e amada pelas pessoas sendo tão e unicamente a pessoa que eu sou.

Ser você mesma é algo que pode ser reprimido e recalcado, mas nunca riscado da sua lista de desejos absolutamente fundamentais. O destino de cada pessoa é ser e se expressar no mundo tal como ela é. Essa é a principal, talvez a única, razão de ser da existência humana, e ninguém vai se livrar de ao menos tentar realizar essa tarefa enquanto estiver viva.

Não espere que as pessoas à sua volta apoiem seus movimentos de mudança ou estimulem as suas iniciativas de ser quem você é. Muito pelo contrário, o mais provável é que todos estranhem e combatam, de forma sutil ou contundente, a sua eventual determinação em sair das caixinhas e deixar o marasmo para se afirmar como pessoa única nesse mundo, passando a viver a vida do jeito que você acha que ela tem que ser vivida.

Corpos, roupas e hormônios

Até eu me confundo
quando eu tento me entender.
Se quiser saber quem eu sou, me ame.
Melhor ainda: se ame.
Geraldo Eustáquio

Um dos momentos mais intensos e gloriosos que experimentei na vida foi quando saí à rua montada pela primeira vez. Foi na Lapa carioca, com a Samantha, uma amiga trans. Fomos as duas, produzidas, batendo saltos pelas ruas, naquela época escuras, desertas e decadentes, ainda muito distantes da especulação imobiliária que viria algum tempo depois. Nosso destino era o tradicional clube Turma OK, o lugar mais LGBT *friendly* do Brasil. Pelo adiantado da hora, não havia mais quase ninguém lá. Mas o DJ ainda não tinha abandonado o seu posto e rolavam uns boleros de fim de noite.

Chegamos, nos acomodamos numa mesa e pedimos uma cerveja ao garçom. Não passou nem cinco minutos e um rapaz aproximou-se de mim, abaixou-se e perguntou no meu ouvido se eu poderia dançar com ele. Fui na hora, feliz de estar sendo reconhecida como mulher, ainda que ele nem me imaginasse lésbica. Foi a glória. Um momento absolutamente inesquecível.

Mesmo correndo o risco de ser execrada e vilipendiada pelos outros, poder manifestar-se publicamente é como abrir a alma e exibir ao mundo a sua mais profunda intimidade. Se cabe à pessoa, e somente a ela, dizer quem ela é, é preciso respeitar o que ela diz, ainda que sua imagem pessoal não confira com os estereótipos de gênero que existem por aí. Como cantou Caetano Veloso, "cada um sabe a dor e a delícia de ser o que é".

Lembro-me da primeira vez em que apareci montada diante de Angela. Como eu queria muito que ela me visse vestida e maquiada pela primeira vez, marquei de irmos a um motel, onde eu pudesse me montar. No dia combinado, eu estava supertensa, assim como superdespreparada para me produzir de maneira minimamente apresentável. O resultado foi, claro, uma pequena catástrofe. Angela nunca conversou comigo sobre esse dia, mas tenho certeza de que ela me achou a mulher mais malvestida, mal maquiada, ridícula e desajeitada da face da Terra.

Ainda que eu não estivesse tão terrível naquela noite, foi assim que me senti por muito tempo durante a minha transição. Independentemente da fascinação que eu sempre tive pelo mundo feminino, uma coisa é você olhar e gostar de uma roupa na vitrine, outra é você usar aquela roupa. Para desespero de quem está transicionando, é raríssimo uma coisa combinar com a outra.

Quando comecei minha transição, passei a comprar, feito uma louca, todas as peças possíveis e imagináveis do guarda-roupa feminino. Peças que eu nunca pude usar e que nunca usaria, mas que faziam parte de uma história que, por tantas décadas, eu vivi sem ter vivido. Peças que passaram a fazer parte de um museu do passado que eu não tive. Só de sapatos, cheguei a ter mais de cem pares, a maioria com saltos e plataformas altíssimos, impossíveis de serem usados no dia a dia, mesmo por alguém como eu, que sempre amei saltos e ando com eles como se estivesse de pantufas. Por muito tempo, era bastante comum que as roupas que eu mais gostava ficassem horríveis em mim. Pouco a pouco, fui descobrindo que é assim com toda mulher, e passei a seguir o conselho da minha amiga Paula Malfitani, a primeira mulher trans que eu conheci na vida: "A gente não pode pensar em usar, a qualquer custo, uma roupa pela qual a gente se apaixona. A chave é usar uma roupa que fique bem no nosso corpo".

É normal que a gente tenha um fascínio muito grande pela noite e pela balada nos primeiros tempos da transição. Plumas e paetês, glamour e glitter são atributos indispensáveis do mundo transgênero. À noite, todos os gatos são pardos, e não estão predispostos a fazer julgamento moral de outros gatos, como ocorre à luz do dia. Montar-se para uma balada é algo fascinante, capaz de mobilizar corpos, cabeças e corações transgêneros de modo impressionante. Antes de ir para as baladas, eu costumava passar horas me preparando no "cafofo", apelido que demos ao pequeno quarto nos fundos da minha casa onde, com a ajuda e a cumplicidade de Angela, montei o meu "estúdio de transição".

No entanto, apesar das delícias da noite, existir como mulher não é algo que possa ficar confinado a produções e maquiagens deslumbrantes que, passada a festa, saiam com água e sabão, ainda que nem sempre facilmente. Uma coisa é representar a mulher idealizada, outra coisa, muito diferente, é viver como uma mulher real.

O destino principal das "saídas" da Letícia real era o supermercado. Eu dizia para mim mesma que eu era a "dama do supermercado". Nada de montagens requintadas, maquiagem, sapatos de salto. Eu queria ser e agir como uma mulher comum, do dia a dia. Mulher que batalha, que trabalha, que cuida da casa, que cuida de tudo. Simples, discreta e absolutamente comum, nunca fui questionada ou molestada por expressar a minha identidade feminina nessas idas ao supermercado.

Por mais que uma pessoa se esforce para ser, parecer e atuar como mulher (ou homem), quem atesta o seu êxito ou o seu fracasso nesse empreendimento é o outro — não ela própria. Ser vista e ser reconhecida publicamente, depois da transição, como mulher (ou homem) é o que uma pessoa transgênera mais quer e, ao mesmo tempo, o que mais teme, uma vez que visibilidade acarreta necessariamente exposição direta ao olhar do outro, com todas as implicações e "implicâncias" que possam resultar desse encontro.

Daí a verdadeira obsessão de *passar* — ou seja, de ser reconhecida e aceita como pertencente ao gênero com o qual se identifica — e de tornar-se cada vez mais passável, mote repetido à exaustão ao longo da vida de uma pessoa transgênera. O paradoxo é que, para tornar-se alguém perfeitamente passável, é preciso abdicar inteiramente de qualquer visibilidade social como pessoa transgênera. A pessoa deve diluir-se no contexto geral da sociedade, sem deixar à mostra qualquer atributo físico ou comportamento que chame a atenção dos demais e os leve a colocar em dúvida a identidade de gênero com a qual ela está se apresentando em público. Por regra, quanto menor a visibilidade social como pessoa transgênera, maior a chance de alguém passar como membro do gênero oposto.

Da mesma forma que pode ser ludibriado, o temido olhar do outro também pode descobrir e denunciar qualquer detalhe fora de ordem na expressão de gênero de uma pessoa. E todos sabemos que não existe nada que mais se destaque, em qualquer local ou ambiente, do que uma pessoa transgênera que não esteja conseguindo passar. É exatamente para não ter que se submeter ao rígido e implacável julgamento estético-político-cultural do olhar do outro que uma grande parcela da população transgênera passa a vida inteira trancada no armário, correndo léguas de qualquer tipo de visibilidade social.

Além dos estereótipos de gênero, e tão poderoso e avassalador quanto eles, existe o desejo de cada pessoa transgênera de ter um corpo que corresponda plenamente à sua idealização pessoal do que é ser homem ou ser mulher. Toda pessoa transgênera sonha em querer mostrar-se à sociedade dentro de um corpo perfeitamente concebido a partir dos estereótipos socioculturais da categoria de gênero com a qual se identifica. Não é o bastante que eu me identifique como mulher ou homem transgênero: é requisito essencial que a sociedade me reconheça como tal.

Aliás, para uma grande parcela de pessoas transgêneras também não basta ser ou expressar-se como mulher (ou homem). É necessário ser "a" mulher (ou "o" homem), satisfazendo elevadíssimos padrões de beleza física, difíceis de serem alcançados até por mulheres (ou homens) nascidas(os) como fêmeas(machos) genéticas(os). Essa idealização altamente erótica e sexualizada da "mulher que eu quero ser" põe em questão um ponto crucial na vida de grande parte das mulheres (e também de homens) trans: não serve ser e/ou se expressar como "mulher feia"; é preciso transicionar para tornar-se uma pessoa bonita, sensual, atraente e sexy, numa clara demonstração de que há maior preocupação com uma suposta estética feminina do que propriamente com o ser e o ocupar o lugar de mulher na sociedade. Nessa busca desenfreada por conformidade com os estereótipos de mulher em vigor na sociedade, muitas mulheres trans são capazes de realizar dezenas de cirurgias e tratamentos feminizantes, que muitas vezes resultam em intervenções corporais que mutilam e deformam.

Embora gênero e corpo não tenham nenhuma relação direta quando examinados isoladamente, todo mundo se acostuma desde cedo a reconhecer um homem e uma mulher por meio da leitura do corpo, o que faz dele o registro primordial de gênero. Em um texto famoso de 1933, intitulado "Feminilidade",[8] Freud afirma que, quando a gente encontra uma pessoa, a primeira distinção que fazemos é se ela é homem ou mulher. E estamos acostumados a fazer tal distinção com certeza absoluta.

A razão dessa "certeza" é óbvia: é fortíssima a corporalidade do gênero. É no corpo que são inscritos, do momento da concepção até a morte, todos os discursos de gênero vigentes na sociedade de determinada época e determinado lugar. O corpo "generificado" não é mais o corpo que a natureza nos dá, mas o corpo que a sociedade estabelece que devemos ter a fim de sermos reconhecidos como homem ou como mulher.

No meu caso não foi diferente. Mesmo sem ter nenhuma obsessão por um corpo perfeito, e já tendo total consciência, à época da minha transição, de que eu não nasci no corpo errado, mas na sociedade errada, a ideia de ter "corpo de mulher" sempre tinha sido mais forte do que a ideia de simplesmente passar a viver no gênero feminino. Mesmo já tendo um corpo "tão parecido" com um corpo de mulher, ainda assim eu sentia uma carência enorme de ter seios.

Tomar hormônios é o recurso mais imediatamente à mão para se tentar obter um corpo compatível com a identidade de gênero assumida pela pessoa. A Terapia de Reposição Hormonal (TRH) é a porta de entrada para a maioria das pessoas transgêneras que iniciam seu processo de transição. Foi exatamente sonhando em ter seios que eu comecei a me hormonizar, por conta própria, diante da minha falta de coragem de me abrir com um profissional de saúde e nem um pouco desejosa de implantar próteses mamárias, que me pareciam, além de invasivas, muito artificiais. Meu maior temor em procurar um endocrinologista, que teria sido o passo mais correto em vez de me automedicar, era, de um lado, que ele não respeitasse o meu desejo e, de outro, que não soubesse absolutamente nada de como atender pessoas transgêneras.

Por mais de dois anos coletei de forma voraz todo tipo de informação — técnica e nem tanto — que eu conseguia garimpar na internet, ainda muito incipiente naquele começo dos anos 2000. Minha formação acadêmica e o meu bom conhecimento da língua inglesa (praticamente todas as leituras disponíveis sobre transição e hormonização estavam em inglês) me permitiram separar informações técnicas bem fundamentadas de medicamentos milagrosos, mitos, crendices e práticas completamente absurdas de hormonização.

Apesar dos meus esforços de pesquisa, não havia quase nenhuma informação suficientemente confiável, nem na internet, nem no mundo real. Na época, como ainda é hoje, mais comum era a existência de listas de medicamentos e dosagens indicadas por pessoas que já haviam transicionado, aparentemente com sucesso, e que se dispunham a dividir suas bem-sucedidas receitas com outras pessoas transgêneras ávidas por instruções capazes de produzir os resultados mais imediatos possíveis, mesmo que não fossem seguros. Quase ninguém falava dos riscos imensos do consumo inadequado e/ou indiscriminado dos medicamentos listados.

Graças ao cuidado que tive de me informar o máximo possível em vez de seguir conselhos nada confiáveis, minha terapia hormonal foi muito bem-sucedida. Em pouco mais de um ano, apenas com estrógeno natural, vi despontarem dois belos seios, inteiramente meus. Vê-los e tocá-los me transmitia uma sensação extremamente agradável de eu estar ingressando numa nova puberdade, anos depois da primeira, que tinha sido tão difícil e confusa. Dessa vez, eu sabia quem eu era e quem eu viria a ser. Quando eu fui parar no hospital, enfartada, eu já tinha os seios formados, o que me transformou numa espécie de atração turística da UTI, parada obrigatória de toda a equipe do hospital.

Apenas depois do enfarte, e por recomendação do meu cardiologista, consegui me abrir com uma médica endocrinologista, de quem eu me tornei paciente e que desde então acompanha o meu caso. Eu me lembro que, feitos os exames de rotina, ela descartou a possibilidade de o meu autotratamento ter contribuído de alguma forma para o meu enfarte, recomendando, inclusive, que eu continuasse a usar a medicação que eu já vinha usando, com bons resultados.

Transicionar tem amplas consequências, desdobramentos, ramificações, e muitos não darão conta de enfrentá-los sozinhos. Precisarão, sim, de ajuda especializada para se encontrar e — supostamente — se definir e se assumir, antes de poder sair por aí, de peito aberto e cabeça erguida, mostrando com orgulho a sua condição transgênera a todo mundo que queira ou não vê-la.

Mas é preciso estar alerta quanto à ajuda proporcionada por especialistas. Diante da inexistência de treinamento especializado para o atendimento de questões transgêneras, muitos profissionais da área de saúde não conseguem distinguir nem mesmo um conflito de identidade de gênero de um conflito de orientação sexual, e podem acabar confundindo ainda mais os pacientes transgêneros em vez de ajudá-los a superar seus impasses. Também é comum profissionais da área de saúde terem uma visão muito conservadora ou muito distorcida da condição transgênera, o que leva muitos deles a adotarem procedimentos ortodoxos em desuso no resto do mundo ou, pior, a recusarem o tratamento a pacientes transgêneros.

Como em nosso país os estudos sobre transgêneros não fazem parte de praticamente nenhum currículo oficial de cursos na área de saúde (medicina, psicologia, enfermagem etc.), podemos concluir que não existem profissionais habilitados para não só atender mas, sobretudo, entender a condição transgênera do ponto de vista clínico e do ponto de vista existencial. Apesar de intensas e sucessivas buscas, a maioria de nós acaba encontrando apenas profissionais que, embora interessados e bem-intencionados, desconhecem as nossas demandas médicas e/ou psicológicas ou, pior ainda, se comportam de maneira preconceituosa e moralista em relação à nossa condição de pessoas transgêneras.

Ao transicionar, a pessoa deve ter plena consciência do que está assumindo para si mesma e diante de si mesma. O pacote da transgeneridade vem acompanhado de questões relacionadas à orientação sexual, pois é muito comum uma coisa estar completamente misturada com a outra na cabeça da pessoa. Embora ser transgênero não signifique de maneira alguma ser necessariamente homossexual, é assim que o senso comum ainda vê a questão — a tal ponto que a pessoa pode estar apenas confusa quanto à sua orientação sexual e, oprimida pela ideia de oposição entre homem e mulher, achar que esse desejo implica, então, que ela deva pertencer ao "outro" gênero.

Para assumir-se, diante de si mesmo e de outros, é necessário reconhecer e legitimar quem você é hoje, quem você quer ser amanhã e como você se posiciona dentro do amplo espectro da transgeneridade, que vai desde uma simples curiosidade quanto ao modo de ser da categoria de gênero oposta à sua até um desejo incontrolável de transformar-se inteiramente. Os processos depressivos, comuns no meio transgênero, são o sintoma mais evidente da dificuldade que é se assumir, sabendo e aceitando o que está assumindo.

Que ninguém pense, contudo, que, quanto mais elementar o seu "grau de transgeneridade", mais fácil será para a pessoa se aceitar e se assumir. Em se tratando de transgeneridade não existem coisas simples: tudo é absolutamente complexo. Muitas vezes, em seu processo de autodescoberta, um *crossdresser*, que se monta apenas ocasionalmente, pode ter muito mais dificuldade de se entender do que uma transexual disposta a transformar o seu corpo para ser uma pessoa do outro gênero.

Nunca acreditei ser uma mulher presa num corpo de homem. Sou apenas uma pessoa presa dentro de uma concepção deturpada e falaciosa do ser humano. Por isso mesmo, meu corpo é que sempre foi prisioneiro da sociedade. Sou uma pessoa transgênera — aliás, ultimamente, estou me chamando não mais de transgênera, mas de *transgente* — no sentido de que me reconheço transgredindo as regras binárias de gênero que governam a nossa sociedade.

A pergunta, altamente "desconstruidora", é a seguinte: é necessário ter um corpo estereotipado "de mulher" para poder expressar uma identidade de gênero feminina? Não é exagero dizer que quase toda pessoa transgênera busca reproduzir no próprio corpo o imaginário altamente sexualizado de uma sociedade, que constrói discursivamente diferenças absurdas entre o corpo do homem e o corpo da mulher.

Anos depois da minha transição, ainda não desmontei inteiramente o meu cafofo. Ainda tenho lá alguns quilos de perucas que eu usei até descobrir a beleza dos meus cabelos brancos, que carrego como um troféu de todas as minhas batalhas para me tornar eu mesma. O mais bonito de tudo é que o cafofo não é mais o armário. A construção física e mental da Letícia passou por aquele pequeno local e dali ganhou forças para sair para o mundo exterior.

Separadas pelo mundo, unidas pelo amor

Amor não tem que se acabar
Eu quero e sei que vou ficar
Até o fim eu vou te amar
Até que a vida em mim resolva se apagar
Gilberto Gil, "Amor até o fim"

Do que eu mais sentia falta na UTI era poder conversar e depois dormir de conchinha com Angela, como a gente fez a vida inteira. Todas as manhãs ela vinha me visitar. Chegava com aquele olhar triste e amoroso, que me deixava preocupada, pensando no que seria dela se eu não voltasse mais para casa. Ela me contou que nos dias em que eu fiquei internada quase não dormia à noite. Com medo de perder a hora de me ver, madrugava na sala de espera, muito antes de começar o horário de visitas.

Nosso amor não foi à primeira vista. Foi plantado e cultivado pacientemente. Conheci Angela quando eu tinha acabado de voltar para Belo Horizonte para assumir o cargo de diretor de ensino e treinamento do Senai de Minas Gerais, depois de passar uma temporada trabalhando no Senai Nacional, no Rio de Janeiro. Eu estava com vinte e cinco anos e tinha saído recentemente, bastante machucada, de um relacionamento de muito tempo, que acabou de repente, quando eu descobri que minha namorada--noiva pensava mais em outras coisas do que em nós, enquanto eu trabalhava no Rio, pensando em juntar dinheiro para nos casarmos. Isso me deixou marcas profundas e dúvidas enormes quanto aos meus relacionamentos futuros. Sem lhe dar nenhuma explicação da minha atitude, terminei com ela e voltei para o Rio de Janeiro, onde fiquei meses, sem ir a Belo Horizonte.

Hoje eu sei que o que eu buscava, sem nem mesmo me dar conta dessa busca, era encontrar uma mulher que me aceitasse e me amasse não como homem, mas como mulher. No entanto, àquela altura da minha vida, como iria encontrar alguém assim se nem eu sabia quem eu realmente era?

Viver no armário é se alimentar de imagens estereotipadas, de falsas realidades e de expectativas irreais, abastecidas por desejos e sonhos absurdos, completamente alienados do mundo real. No armário, eu acreditava que ser mulher era, antes de tudo, ser encantadoramente bela: bem torneada e cheia de curvas. Inconscientemente, eu projetava nas mulheres com quem eu me relacionava a imagem da mulher que eu queria ser, isto é, minhas candidatas a namoradas deveriam ser a imagem da mulher que eu não podia ser. Na sua beleza simples e natural, desprovida de qualquer artifício ou afetação, Angela contrariava tudo isso.

Conheci-a em um curso de alemão, no Goethe-Institut de Belo Horizonte. Eu estava me preparando para uma viagem a trabalho e ela, que terminava o curso de arquitetura, estava interessada em fazer urbanismo em Munique. Foi o Cabral, um amigo que também fazia o curso, que me chamou a atenção para aquela moça tranquila e discreta. Naquele momento, olhei para ela de um modo diferente. Passei a vê-la com os olhos de quem buscava alguma coisa que não sabia exatamente o que era, mas que ela parecia ter de sobra para me oferecer.

Um dia, na saída da aula, para puxar assunto, notei uma estrela de davi na correntinha que ela trazia no pescoço.

— Você é judia? — perguntei.

— Eu? Não. O que fez você pensar isso? — ela me respondeu sorrindo, meio encabulada.

— A estrela de davi que você tem no pescoço...

E foi assim que iniciamos um papo que dura até hoje.

Angela era totalmente diferente de todas as paixões romântico-metafísicas que eu tinha vivido até então. Em especial, ela era a própria antítese da mulher imponente e voluptuosa com quem eu tinha acabado de romper e que tinha deixado o meu coração afogado num mar de dúvidas e ressentimentos. Em pouco tempo de convívio, criamos um vínculo muito forte. Era uma relação intensa, que fazia com que quiséssemos nos encontrar todos os dias, para ficar juntos, conversar e receber o acolhimento uma da outra.

No dia 12 de junho de 1976, Dia dos Namorados, dois meses depois do nosso primeiro papo, convidei Angela para jantar e lhe dei um presente emblemático, em que eu, metaforicamente, pedia para ficar com ela, esperando que ela ficasse comigo. Era um pedantife de prata, representando o deus do sol dos Incas. No verso da joia, mandei gravar, profeticamente, a mensagem: "Vou viajar. Quer vir comigo?".

E fui viajar mesmo. Não para a Alemanha, como eu havia planejado, mas para o Japão, como bolsista do governo japonês. Só fui comunicada de que havia sido selecionada para a bolsa praticamente uma semana antes da data de início do curso, em Tóquio, e tive que correr muito para preparar todos os documentos necessários. Dois dias antes da data da viagem, me despedi longamente de Angela e fui para o Rio de Janeiro, onde devia obter o visto do consulado japonês.

Eu não podia imaginar que, num único dia no Rio de Janeiro, fossem aflorar toda a minha identidade de travesti e o ímpeto avassalador de me montar. Assim, enquanto aguardava o visto, comprei umas peças de roupa, um sapato de salto, um esmalte e um batom para me montar no quarto do hotel. Era a primeira vez que eu ia fazer isso desde que tinha dado meu guarda-roupa feminino para a diarista que trabalhava lá em casa.

Eu tampouco podia imaginar que Angela teria a brilhante ideia de ir de surpresa para o Rio de Janeiro fazer o meu bota-fora. Ela ligou para o meu pai e conseguiu dele os nomes dos hotéis em que eu costumava ficar no Rio. Com paciência e determinação, acabou descobrindo que eu estava hospedada no Hotel OK, na rua Senador Dantas, na Cinelândia. Eram cerca de nove horas da noite quando me ligaram da recepção dizendo que uma moça chamada Angela tinha entrado em contato procurando por mim e que, por engano, eles disseram que eu tinha ido assistir a um jogo no Maracanã. Ela estava no aeroporto Santos Dumont e pediu que eu fosse ao encontro dela assim que pudesse.

Eu estava toda montada e maquiada no apartamento, e fiquei apavorada imaginando o que aconteceria se ela me visse vestida daquele jeito — ou mesmo suspeitasse de mim fazendo uma coisa daquelas. Com o coração disparado, comecei imediatamente a me desmontar, limpando o batom e tirando o esmalte das unhas, tudo ao mesmo tempo. Na pressa de sair para encontrá-la, acabei deixando tudo espalhado pelo quarto.

Fiquei muito feliz de vê-la. A gente se abraçou, se beijou, riu e conversou muito. No meio da conversa, perguntei se ela ia passar a noite na casa de algum de seus parentes que moravam no Rio. Ela me respondeu que não, que pretendia passar a noite comigo. Estava claro que ela tinha vindo para dormir comigo, mas gelei ao me lembrar do quarto com coisas de mulher espalhadas por todos os cantos. Quando chegamos ao hotel, pedi um apartamento para ela, sem maiores explicações. Disse apenas que ela fosse se instalar e em seguida descer para jantarmos. Imaginei sua decepção. Mas foi a melhor saída que encontrei naquele momento, para não decepcioná-la ainda mais. Ao ver aquelas coisas espalhadas pelo quarto, ela pensaria imediatamente que outra mulher havia estado ali.

No nosso primeiro ano juntas, passei a maior parte do tempo no Japão. De volta ao Brasil, meu único pensamento era me casar com ela. Sua companhia era tudo que eu queria e precisava. Faltando uns vinte dias para a cerimônia, entrei em pânico. Baixou um sentimento medonho do que podia acontecer se a minha identidade secreta, aparentemente sob controle, resolvesse se manifestar de uma hora para outra, como aconteceu na véspera da ida para o Japão. O medo foi tão grande que, com o coração estilhaçado, telefonei para ela e disse que não queria mais me casar, que eu não estava seguro dos meus sentimentos. O verdadeiro motivo ela só viria a saber vinte e cinco anos depois.

À noite, encontrei meu pai sentado na sala, somente a luz do abajur acesa.

— Ainda acordado? — perguntei.

— Estava esperando você chegar. Queria muito conversar...

— Comigo? O que houve?

— Quero saber por que você não quer mais se casar.

— Ah, pai, você sabe. Eu tenho muito medo que aquelas coisas voltem a se manifestar depois de casado. Ela não merece isso. Eu a amo demais para vê-la sofrer.

Meu pai nunca falava comigo abertamente sobre a minha condição transgênera. Por respeito, eu também nunca falava com ele sobre isso de maneira aberta e direta. Era sempre através de metáforas, meias-palavras e narrativas paralelas. Mas ele entendia muito bem o que eu estava dizendo.

— Não se preocupe. Essa menina gosta de você, ela o escolheu. Se acontecer de novo, ela saberá o que fazer. Ela não vai abandonar você. Pode ficar certo disso.

As palavras do meu pai chegaram numa hora em que ser uma pessoa transgênera estava pesando como nunca nas minhas decisões. E, como em diversas outras ocasiões, sua fala mansa e compassada trouxe conforto para a minha alma atormentada e direção para a minha cabeça confusa.

Depois que nos casamos, fui descobrindo aos poucos que Angela era uma pessoa muito mais resolvida do que eu em questões de gênero e orientação sexual, embora nem ela nem eu soubéssemos exatamente o que isso significava. De fato, eu era muito mais travada do que ela. Ela simplesmente não ligava para as roupas que eu usava, para o meu corte de cabelo ou para o modo de a gente fazer sexo. Pelo contrário, com muita naturalidade, incentivava que eu usasse roupas mais descontraídas (eu trabalhava de terno), que eu deixasse o cabelo crescer (eu sempre o cortava além da conta) e, na cama, se autorizava a todo tipo de papel.

De maneira inconsciente e sutil, a minha transgeneridade foi se satisfazendo com as pequenas grandes licenças de Angela. Nem eu nem ela fazíamos ideia de que coisas aparentemente tão pequenas, e aceitas de maneira tão natural e espontânea, poderiam contribuir para apaziguar a minha velha ânsia de viver numa outra identidade. Angela já me aceitava como a pessoa que eu era, e ia além, de alguma forma me aceitando como a pessoa que eu gostaria de ser.

Ao contrário dela, que me acolhia por inteiro, eu a aborrecia muito. Com base na minha visão idealizada de feminilidade, no modelo de mulher que eu achava que eu deveria ser se pudesse, inúmeras vezes eu criticava sua forma despojada de se vestir, sua falta de interesse em se produzir, em se maquiar, em se expressar como uma mulher poderosa, cheia de charme e glamour. Eu me culpo por tê-la incomodado tanto com essas superficialidades, plantadas na minha cabeça por muita repressão e recalque.

Só bem mais tarde, quando eu já tinha transicionado, pude entender que, ao contrário de mim, Angela estava o tempo todo sendo apenas ela mesma. Que "ela era ela", algo preciosíssimo e raríssimo neste mundo. E que eu insistia em criticar e desqualificar, presa na minha própria armadilha de artificialidades.

Só depois de muito tempo de casada fui ter uma vontade realmente forte de me montar. Foi quando André, meu cunhado e único irmão de Angela, de apenas dezenove anos de idade, morreu vítima de um acidente de trânsito. Aproveitando um restinho de semáforo aberto, o motorista de um caminhão de bebidas tentou passar ao mesmo tempo em que o semáforo se abria para os veículos que trafegavam na avenida Amazonas, uma das mais movimentadas de Belo Horizonte. André tinha acabado de arrancar com sua moto, que colidiu de frente com o caminhão. Pessoas morrem a todo momento sem que a gente perceba ou se ressinta disso, mas a morte de alguém tão próximo desperta a dura lembrança de que, mais cedo ou mais tarde, esse será também, inevitavelmente, o nosso destino. A morte de alguém tão jovem, tão cheio de vida, com tantos sonhos e planos mexeu com muita coisa dentro de mim e de Angela. Em mim fez despertar a lembrança dura e cruel dos projetos de vida que eu estava deixando na beira da estrada.

Aproveitando que Angela e nossa filha pequena tinham ido passar alguns dias com minha sogra, que morava em Brasília, numa única ida ao comércio comprei tudo de que eu precisava para me montar: calcinha, sutiã, meia de seda, um vestido lindíssimo, um sapato de salto e um kit básico de maquiagem. *Urge* é o nome que se dá para quando uma pessoa transgênera que vive no armário tem uma súbita e irrefreável necessidade de se montar. Passei uma semana inteira me montando. Ia para o meu parque de diversões assim que chegava do trabalho. E era como se eu saísse do circo de medos e frustrações que a morte do André me fazia lembrar.

Próximo ao retorno de Angela, com o coração doendo, entrei em *purge*, como chamamos a situação em que uma pessoa trans-gênera se vê obrigada a se desfazer de todos os seus pertences. De um lado, a fim de reduzir a culpa por ter feito algo que a so-ciedade considera depravado e imoral. De outro, para não deixar vestígio do seu outro eu.

Exceto por essa única quinzena, fiquei mais de vinte anos sem me montar. Eu continuava achando, àquela altura da vida, que eu era apenas uma pessoa psicologicamente perturbada, dupla-mente perversa, por querer ser mulher e, ainda por cima, querer transar com mulher.

Na impossibilidade de poder me montar, e graças especial-mente ao apoio de Angela, que via minhas excentricidades como um importante caminho de afirmação pessoal e de libertação do rígido modelo social de homem em que eu havia sido criada, fui desenvolvendo, sem perceber, outras formas de expressar a minha transgeneridade reprimida.

Além dos cabelos compridos, que eu usava numa trança ou num rabo de cavalo, das roupas e dos calçados que passavam totalmente longe de um figurino sóbrio e discreto, passei a usar brincos diariamente, em casa, na rua e no trabalho. Eu tinha as duas orelhas furadas, e não apenas com um furo, mas com vários. Os furos foram aumentando, aumentando, e em breve eu usaria alargadores, que chegaram a dois centímetros de diâmetro. E os furos não pararam nas orelhas. Tenho um piercing no queixo e outro na extremidade final da glande. Numa viagem a Nova York, coloquei um piercing em cada mamilo. Eu achava extremamente sensual, pois me fazia lembrar a todo momento de um dos pontos de maior sensibilidade do meu corpo. No entanto, diante da dor excruciante surgida alguns meses depois, acabei por retirá-los. Os piercings foram, com certeza, um dos canais mais consistentes de liberação e manifestação pública da minha transgeneridade.

Apesar dos pequenos e firmes avanços, ainda era fortíssimo o meu grau de autorrepressão. Numa época em que eu estava ainda muito longe de me assumir, as revistas pornográficas eram o meu único canal de contato com a existência de outras mulheres transgêneras. Enquanto a maioria as usava para se excitar, eu só queria ver as travestis, seus corpos, imaginar suas vidas. Em vez de excitação sexual, aquelas mulheres transgêneras exerciam uma tremenda magia sobre mim. Era como se eu me olhasse num espelho, tanto verdadeiro quanto impossível, sem coragem nem de imaginar, quanto mais assumir, que eu era uma delas.

Cada vez que eu pensava nisso sentia meu mundo interno desmoronar. Como eu poderia me identificar com uma travesti? Como um chefe de família responsável, um marido atento e carinhoso, um pai totalmente dedicado à família, podia querer ser justamente uma personagem tão marginal na sociedade, cujo próprio corpo transgredia toda a ordem vigente? O que seria da minha reputação, construída ao longo de tantos anos para me afirmar como pessoa e como profissional?

Para mim, o ano 2000 foi muito mais do que o início de um novo século, foi o início de uma longa e difícil jornada em direção a mim mesma. O ano em que entrou em erupção o meu vulcão transgênero, inativo durante tanto tempo por força de um pesadíssimo aparato repressivo. De modo estranho e repentino, depois do acidente do meu pai e da descoberta de sua outra família, comecei a me sentir livre para ser eu mesma.

Mas será que ainda fazia sentido eu me livrar das amarras, liberar geral? Apesar do conflito que carreguei dentro de mim a vida inteira, eu já não era um adolescente assustado. Estava com cinquenta anos, 23 de casada, três filhos quase adultos, uma excelente reputação profissional e ótimas condições socioeconômicas. Era muita coisa para jogar para o alto e partir para outra.

Passada a sensação inicial de alívio por descobrir que meu pai também era de carne e osso, comecei a sentir muita raiva por ter sido tão reprimida, tão forçada a recalcar uma parte fundamental de mim mesma em nome de manter uma conduta irrepreensível, sob todos os pontos de vista. Não era nada fácil descobrir que esse não era o meu projeto de vida, mas o projeto do meu pai, e que o projeto dele sempre esteve na contramão do meu projeto pessoal.

A descompressão psíquica me pegou de modo arrasador. Em poucos meses, eu tinha montado um guarda-roupa feminino completo, com roupas, calçados, bijuterias, maquiagem, perucas e tudo mais que a mulher que eu queria ser sempre sonhou ter. Embora usássemos o mesmo closet, nem eu nem Angela tínhamos o hábito de mexer nas coisas uma da outra. Meu guarda-roupa feminino ficava completamente à vista, junto com o meu guarda-roupa masculino, sem que ela ao menos se desse conta das novas peças. Moramos até hoje num chalé separado da casa principal, onde nossos filhos moravam, e, apesar de sempre aberto, somente eu, Angela e uma diarista, que está conosco desde que nos mudamos para Curitiba, íamos regularmente ao local.

Nessa etapa de descompressão, bastava eu saber que Angela ficaria fora por mais tempo que eu ia para o chalé me montar. Em pouco tempo, essa prática tornou-se um hábito que eu já não podia mais viver sem. Passei a ficar visivelmente irritada quando não encontrava oportunidade para colocá-lo em prática. Em paralelo, comecei a depilar o corpo inteiro, especialmente as partes íntimas. Como sempre aconteceu entre nós, Angela não pôs nenhum obstáculo nem fez nenhum comentário ou crítica. Toda depilada, eu me sentia no paraíso fazendo sexo com ela.

No início dos anos 2000, a internet foi ficando não apenas acessível a um número cada vez maior de pessoas, como também passou a disponibilizar uma gama cada vez maior de informações em todos os campos do conhecimento. Eu mergulhei de cabeça nessa nova onda, surfando horas a fio em busca de saber mais a respeito das coisas que aconteciam comigo.

Foi assim que pude descobrir, aos poucos e com muita dificuldade, os caminhos que me levariam até mim mesma. Foi por meio da obra *Problemas de gênero*, de Judith Butler[9] — hoje um clássico na literatura dos estudos de gênero —, que pela primeira vez descobri que tinha vivido desde criança uma questão que, em princípio, não tinha nada a ver com sexo ou orientação sexual, ao contrário de tudo que eu tinha visto e ouvido até então. Em seu livro, Butler conclui, com extrema elegância e propriedade, tudo que eu já vinha supondo e sofrendo, sozinha, em silêncio e sem nenhuma interlocução. Gênero não passava de uma grande farsa coletiva, estabelecida e mantida por um discurso que, de tanto ser repetido, acabava levando as pessoas a acreditar nele e a performatizá-lo.[10] Gênero não tinha nenhuma substância: valia-se da superfície dos corpos das pessoas para simular a sua própria existência. Gênero era a paródia de uma música que não tinha um original. A "fantasia de uma fantasia", um grande simulacro de uma realidade sem nenhuma base real.

O referencial teórico que Butler me trouxe foi o toque que me faltava para mergulhar de cabeça e coração nos estudos de gênero. Meu primeiro objetivo era obviamente traçar um perfil mais completo possível da pessoa que eu tinha sido durante toda a vida. Descobrir e entender ao mesmo tempo as razões pelas quais eu fora tão reprimida e impedida de expressar aberta e publicamente a pessoa que eu sentia ser. Mas foi com a descoberta do livro *My Gender Workbook*, de Kate Bornstein,[11] que consegui enxergar, numa perspectiva firme e consistente, quem eu realmente sempre tinha sido.

O problema é que, apesar das minhas conclusões a respeito da ditadura de gênero, eu continuava vivendo em uma sociedade essencialmente binária, constituída unicamente por homens e mulheres, e esse binarismo não apenas excluía como considerava transgressão qualquer outra expressão identitária que não fosse uma dessas duas.

Ao mesmo tempo em que ia montando o meu guarda-roupa feminino, dentro de uma estética ainda totalmente adolescente do que era ser mulher, ia aprofundando o meu conhecimento sobre quem eu era. Juntando partes de um quebra-cabeça que estivera diante dos meus olhos a vida inteira e que, até então, eu não fazia ideia nem de como começar a montar. Aos poucos, tudo ia se encaixando e fazendo sentido. O principal é que eu tinha descoberto não ser nem louca, nem pervertida nem degenerada, mas apenas uma pessoa comum.

O conhecimento tem a função mágica de esclarecer, de tornar inteligíveis grandes enigmas que infernizam a humanidade. Ao buscar entender quem eu era, em poucos anos me tornei uma especialista autodidata em gênero e sexualidade. Graças aos estudos de gênero e aos estudos transgêneros, vertente criada a partir do feminismo, passei a me orgulhar de ser uma pessoa transgênera. De ser alguém perfeitamente normal que, por conveniência da ordem sociopolítica e econômica, a sociedade havia demonizado, me fazendo sentir não apenas como doente e degenerada, mas também envergonhada e aterrorizada, sem forças para reivindicar o direito de me travestir e de me expressar publicamente como mulher.

Em 2004, entrei em contato com o BCC, o recém-criado Brazilian Crossdressers Club. Constituído em parte no mundo virtual, em parte no mundo real, o clube era uma cópia quase fiel do Tri-Ess, entidade fundada nos Estados Unidos em 1976 a partir da fusão de diversos clubes de pessoas trans com a Foundation for Personality Expression (FPE), criada pela icônica Virginia Prince, considerada a mãe de todas as pessoas transgêneras estadunidenses. Com os estatutos espelhados no Tri-Ess, o BCC se apresentava como um clube destinado exclusivamente a *crossdressers* heterossexuais, seus cônjuges e suas famílias. Tendo em vista a minha condição, à época vista como especialíssima, de mulher transgênera com atração por mulheres, esse dado me fascinou bastante na época do meu ingresso no clube. Em pouco tempo, porém, descobri que aquela suposta exigência funcionava muito mais como uma cortina de fumaça para a manifestação de uma grande diversidade de pessoas gênero-divergentes que existia ao léu, sem referência e sem acolhimento nos movimentos identitários existentes, antes do surgimento da internet.

Na prática, a função social do BCC, estampada no lema "Existimos pelo prazer de ser mulher", ia muito além — mas muito além mesmo — da ingenuidade estético-lúdica contida nessa declaração. O BCC tornou-se o refúgio seguro para a manifestação — ainda que em segredo, de maneira virtual e para um grupo selecionado que sofria com a mesmíssima dificuldade — de um vasto segmento de pessoas transgêneras adultas, especialmente de meia-idade, de classe média e média alta, que padeceram a vida inteira sem poder expressar a sua transgeneridade.

Não era simples nem fácil entrar para o clube. A pessoa interessada deveria adotar um nome feminino, criar com ele uma conta de e-mail e preencher um extenso questionário a ser avaliado por um comitê de admissão. Uma vez admitida, a pessoa tinha acesso a um fórum virtual em que podia se comunicar com todos os membros do clube, além de receber informações quanto às promoções e aos eventos da entidade. Logo que fui aceita, comecei a participar intensamente do fórum do BCC, numa necessidade ávida de me comunicar com outras pessoas semelhantes a mim.

Aparentemente as coisas estavam indo muito bem. Em pouco tempo eu tinha conseguido desvendar e entender, como pouca gente, a complexa teia do gênero e da sexualidade em que eu havia sido capturada e mantida presa por tantas décadas. E, por estar em constante deslocamento pelo país devido ao meu trabalho, eu podia me montar livremente nos quartos de hotéis, sem levantar nenhuma suspeita sobre minha verdadeira identidade.

Mesmo segura de mim como eu estava, fui tomada por uma enorme insegurança quando percebi que não conseguiria mais manter a minha identidade transgênera em segredo por muito mais tempo. Apesar de convicta ao meu respeito como eu nunca tinha me sentido antes, estava longe de me sentir forte o suficiente para me expor abertamente a qualquer membro da família, em especial Angela. Apesar da alegria enorme de estar trilhando um caminho vital, eu estava ficando louca com a ideia de que ser eu mesma iria ferir cruelmente a mulher a quem eu sempre amei e aos filhos que tivemos juntas. Eram pessoas preciosas demais para que eu, de alguma forma, as obrigasse a participar da minha história — como se fosse possível deixá-los à margem.

Discussões tolas tinham se tornado frequentes entre nós. Nossas brigas diárias apenas ocultavam minha dificuldade crônica de me abrir com Angela, de lhe dizer o que estava acontecendo comigo. No fórum do BCC, eu tinha ouvido tenebrosas histórias de mulheres amorosas que se transformaram em monstros ao descobrirem a identidade secreta dos maridos. Histórias de famílias inteiras que foram cruelmente desfeitas ao terem conhecimento da condição transgênera do pai. A opinião corrente era de que seria desastroso revelar sua identidade secreta à cônjuge e aos demais membros da família. Melhor seria, portanto, manter tudo em segredo, vivendo uma vida dupla, em que o prêmio de consolação era poder desfrutar, vez por outra, de momentos de realização pessoal.

Num sábado de manhã, chegando de uma das minhas viagens a trabalho, com minha angústia existencial saindo por todos os poros, tive uma discussão enorme com Angela por uma ninharia qualquer. Explodindo de dor de cabeça, atormentada pelos meus medos e elucubrações, resolvi sair — ou melhor, fugir — de casa, sem explicar nada para ela.

Meu coração estava disparado e eu suava frio ao catar umas peças de roupa limpa, enfiar na mala ainda nem desfeita e sair de carro, sem direção. Tudo que eu queria era sumir, evaporar, ir para outra galáxia. Acabei indo para um hotel. Preenchi a ficha de hospedagem queimando de febre e fui para o apartamento. Abri a torneira da banheira, tirei a roupa e entrei na água. Estava ali imóvel como um crocodilo tentando me livrar da dor de cabeça física e mental quando, de repente, uma camareira entra para checar o frigobar, certa de que não havia ninguém no apartamento. Imobilizada na banheira, acompanhei seus movimentos à distância, ouvindo-a cantar um hino gospel que dizia algo mais ou menos assim: "Deus sabe do meu sofrimento e vai curar minha dor". Hoje tenho certeza de que foi naquela manhã que eu me tornei uma doente cardíaca. Meu coração, esgotado, não estava mais conseguindo suportar tantas pressões.

Angela quase enlouqueceu com a minha saída de modo tão misterioso e intempestivo. Ligava insistentemente para o meu celular, mas eu descartava todas as suas ligações. Passei um fim de semana do cão, cheia de pesadelos noturnos e diurnos. Na segunda-feira, já um pouco menos desestruturada, concluí que eu não poderia agir daquela maneira com Angela e com os meus filhos, que, àquela altura, já deveriam estar desesperados com o que poderia ter acontecido comigo.

Liguei para Angela. Foi possível perceber o seu desespero e o seu alívio com a minha ligação. Eu lhe disse para não se preocupar, que eu estava bem, dentro do possível, e que precisava apenas de um tempo para repensar minha vida. Ela insistiu que, fosse o que fosse, eu deveria dividir com ela, em nome da amizade que nos unia havia mais de vinte e cinco anos.

Acabei concordando em nos encontrarmos para uma conversa. Minha falta de imaginação foi tanta que marquei o nosso encontro num posto de gasolina.

— Conta para mim o que é que está acontecendo. Seja lá o que for, eu quero, eu preciso saber. É outra?

— Não! Não tem outra de maneira nenhuma. Como é que você pode pensar isso?

— Se não existe outra, por que você saiu de casa? Conta pra mim.

Ainda que não passasse de um jargão estereotipado de última qualidade, a única frase que eu consegui articular no momento foi:

— É porque eu gosto de me vestir de mulher...

— O quê? Você está me dizendo que gosta de se vestir de mulher? Mas é só isso? Porque, se for só isso, vambora pra casa!

— Como só isso? Você faz ideia do que é isso? Você faz ideia de onde isso poderá me levar?

— Vamos embora. Seja lá o que for, isso não é motivo para você sair de casa.

Angela estava cumprindo a profecia do meu pai de que ela não me abandonaria. Mas, naquele momento, ela parecia não fazer ideia, ou não querer fazer ideia, da extensão do que estava acontecendo.

Em cinquenta anos de vida, Angela foi a primeira pessoa mais próxima de mim com quem eu consegui verbalizar, da forma mais clara que deu, a minha identificação com o mundo feminino. E ela, encarando de frente o terrível medo de rejeição que me acompanhou a vida inteira, me estendeu a mão. Me revelar para Angela como pessoa transgênera foi a coisa mais difícil que tive que enfrentar em todo o meu processo de transição.

Sua acolhida, naquele momento, foi decisiva para eu não enlouquecer ou até mesmo desistir de viver. Amiga, amante, parceira e cúmplice de todas as horas, muito antes de eu mesma conseguir vencer minha resistência em admitir e deixar aflorar a minha transgeneridade, foi ela quem primeiro me acolheu e me aceitou, num gesto que me fez sentir amparada como nunca tinha me sentido. Infelizmente, sua reação inicial, tão positiva, ainda teria que passar por inúmeras fases e testes.

Angela sempre me acompanhava aos eventos do BCC. Lembro-me da primeira vez que fomos à Turma OK, no Rio de Janeiro. Eu conhecia quase todas aquelas pessoas apenas virtualmente, não fazia a mínima ideia de como seriam na realidade, e para Angela seria a primeira vez que ela se encontraria ao vivo e em cores com outras pessoas trans. O apartamento onde as pessoas se montavam ficava num prédio decadente, numa rua escura e erma da Lapa, que, como dito, até então ainda não tinha sido inteiramente redescoberta pela especulação imobiliária.

Mas fomos recompensadas do medo que tivemos de ir a um lugar tão desconhecido. Fomos extremamente bem recebidas por Giana Del Mar,[12] que, algum tempo depois, veio a se tornar minha madrinha de batismo, como é costume no meio trans. Assim como eu, ela era o que se podia chamar de "travesti de armário", ou *crossdresser*, nomenclatura que na época começava a se firmar, designando pessoas trans que não podem ou não querem viver como mulheres em tempo integral. Foi ela quem me empurrou de vez para fora do armário.

Passado o impacto inicial da primeira visita, aquele pequeno apartamento da Lapa tornou-se minha porta principal de acesso a uma nova existência. Foi dali que saí montada pela primeira vez em toda a minha vida. Foi ali que fui batizada como Letícia Lanz.

Os conselhos e sugestões de Giana del Mar nortearam muitos aspectos da minha transição e lhe sou muito grata por isso. Um que eu nunca esqueci e que sempre repito às novas gerações: "Há dois tipos de travestis: um que se desenvolve do umbigo para baixo e outro que se desenvolve do umbigo para cima".

Angela e eu nos sentimos muito à vontade e tivemos o que se pode chamar de uma noite inesquecível. Tudo parecia correr bem entre nós. Eu não abusava dos limites que a própria realidade me impunha, ela procurava me acolher dentro do que ela conseguia compreender e aceitar. A partir da minha revelação, e das primeiras manifestações da Letícia, ela foi compreendendo o alcance do que estava — do que sempre estivera — acontecendo comigo sem que ela se desse conta.

A lenta, contínua e ostensiva aparição da Letícia no dia a dia do casal, que paulatinamente assumia o lugar do Geraldo, começou a minar a aceitação inicial de Angela. Os padrões e valores da sociedade começaram de forma sutil a se contrapor à continuidade da nossa relação.

— E se eu resolvesse colocar um pinto, vestir cueca e sair desfilando por aí? — perguntou-me um dia, direta e incisiva. — O que é que os outros vão pensar ao verem você desfilando pelas ruas, vestido de mulher? Você não vê que vai ser ridicularizado pelos outros?

O que no início podia ter lhe parecido um capricho inofensivo foi se tornando uma ameaça crescente, um fato aterradoramente evidente: meu marido está se transformando em mulher.

— Você faz essas coisas, se vestir de mulher, se hormonizar para criar seios, só para aparecer. O seu desejo é que todos o vejam, que você seja notado. Sua vontade é chocar o mundo.

Cada pergunta ou observação dessas batia fundo na minha combalida autoestima e era seguida de horas e horas de bate-boca. Angela estava certíssima quando dizia que eu só queria aparecer para todo mundo, que eu me vestia de mulher somente para ser notada. Só que ela estava certa pelas razões erradas. Não era o Geraldo que ela conhecia que queria aparecer. Quem estava cobrando esse direito era o outro lado do Geraldo: o lado tão reprimido e recalcado do Geraldo. Quem queria aparecer era uma parte de mim que sempre existiu nas sombras, clamando viver a vida que lhe foi negada por tanto tempo. Era essa parte que queria, que precisava aparecer. Não o Geraldo com quem Angela tinha convivido até então.

A angústia de Angela acabou se tornando perceptível nos seus mínimos gestos e palavras, e isso fazia eu me sentir profundamente culpada. Culpa que também vinha de muitas outras fontes: até quando eu poderia me omitir dos meus filhos? Até quando eu poderia me esconder dos meus clientes? Como seria a vida da Letícia quando não houvesse mais o Geraldo? Todas essas inquietações foram me jogando num caldeirão de tensões emocionais. A Letícia ia ganhando vida, e a morte do Geraldo parecia cada vez mais iminente, porém eu ia me sentindo cada vez mais impotente para enfrentar o mundo. Eu ainda me apresentava socialmente como homem, mas na intimidade já era uma mulher. Meus filhos já sabiam do meu desejo de transicionar, mas só Angela sabia que eu começara a me hormonizar e via os resultados aparecerem dia após dia. Para manter os seios fora da vista dos outros — filhos, vizinhos, clientes, amigos e inimigos —, passei a usar um *binder*, aquelas faixas largas com velcro. O mesmo tanto que a faixa me apertava e me incomodava por fora, a angústia de ter que viver assim, com os pés em dois mundos, me atormentava por dentro.

O coração não resistiu. E acabei enfartada no box de uma UTI, o lugar de onde eu comecei esta história. Simbolicamente, a UTI marcou a morte do Geraldo e o nascimento da Letícia. Sete dias e dois stents depois, saí de lá plenamente decidida a ser a pessoa que eu sempre fui, sem nunca poder ter sido.

Na medida em que a notícia da minha "desarmarização" se espalhava, meu relacionamento com Angela passou a ser checado das formas mais inconvenientes possíveis. Fingiam demonstrar interesse sincero pela nossa felicidade, quando, na realidade, estavam apenas abrindo o seu baú de preconceitos e moralismos bestas. "Mas vocês vão continuar morando juntos?". "Vão continuar dormindo na mesma cama?". "Ainda vão fazer sexo?". "Não seria melhor, para ambos, que cada um tomasse o seu próprio caminho?".

Nada melhor para compreender a força do dispositivo binário de gênero na sociedade do que ousar feri-lo. Podíamos discutir e brigar o quanto fosse entre nós, mas era inaceitável ter que suportar a intervenção de terceiros na nossa história. Em meio a todas as dificuldades postas no nosso caminho, tudo que eu mais queria era salvar a nossa relação, proteger o amor que sempre existiu entre nós.

Contrariando todos os vaticínios e previsões catastróficas que fizeram sobre a continuidade de nosso relacionamento e da nossa família, havíamos conseguido chegar juntas até ali e tínhamos tudo para continuar juntas. O único problema é que eu não tinha chegado inteira. De mim, quem chegou foi só um pedaço, um lado que todos conheciam e admiravam. O outro lado tinha ficado para trás, muito lá atrás, recalcado sob o peso da moralidade hipócrita e dos costumes que tinham me ensinado e me obrigado a seguir a vida inteira. Por meses, anos a fio, eu e Angela nos viramos e nos reviramos pelo avesso muitas vezes, tentando encontrar as bases de uma nova relação, até chegarmos à conclusão de que a nova relação que buscávamos era tão somente o prosseguimento da relação honesta, verdadeira e amorosa que sempre tivemos.

Durante todo o nosso casamento até a minha transição, eu passava o tempo todo projetando na Angela a mulher que eu queria ser. Talvez não fosse um processo tão inconsciente assim, talvez eu tivesse a exata noção do que eu queria que ela representasse para mim: eu mesma. Isso significava que ela devia ser feminina como eu idealizava que uma mulher deveria ser, que ela devia usar as roupas de que eu gostava e não as roupas de que ela gostava, de acordo com sua personalidade. Eu buscava realizar nela a mulher que eu não tinha forças para realizar em mim.

Na perspectiva do olhar masculino, feminilidade é algo muito distinto do que a feminilidade de fato é, na perspectiva das mulheres. O que os homens veem como feminino está muito distante do feminino que existe em cada mulher. Os homens são educados para reconhecer as mulheres a partir de características estereotipadas do que é ser mulher, baseadas em modelos de feminilidade supostamente universais.

A primeira coisa que eu tive que aprender durante a minha transição de gênero foi o que era ser feminina, o que era ser mulher, e Angela foi e continua sendo minha principal instrutora. Até então, tudo que eu sabia de feminilidade era fruto de materiais reprimidos, coisas como padrões corporais e aparência física, vestuário, maquiagem e gestual feminino, dentre outros aspectos que aos poucos foram se revelando para mim como altamente inconsistentes e superficiais, considerando a própria essência de mulher que eu carregava dentro de mim e que agora ganhava vida.

É muito difícil e conflituoso para alguém criado como homem numa família conservadora entender que ser mulher é algo muito distinto de ser uma Barbie. O curioso é que, na medida em que os anos se passaram, vivendo como mulher, compreendi que a Barbie podia, sim, residir confortavelmente junto com a Letícia de carne e osso que eu tinha me tornado. Com o tempo, os conflitos e as tensões da nossa vida de casal relacionados à expressão da minha identidade de gênero foram se apaziguando e se desfazendo, como sombras que desaparecem à luz de um novo dia. Começávamos a colher os frutos da nossa disposição em continuarmos juntas. Nossa subida aos céus foi sustentada por uma longa e quase in- suportável descida diária aos infernos. Inúmeras vezes pensamos em desistir, acreditando que não conseguiríamos sobreviver ao tsunami que invadira nossa praia conjugal.

Eu sinto muito orgulho de dizer ao mundo, alto e bom som, que o nosso amor triunfou. Em vários momentos cheguei a duvidar se o amor seria realmente capaz de nos manter juntas, com o céu desabando sobre nossas cabeças e o chão fugindo sob os nossos pés. Hoje eu me envergonho de um dia ter duvidado do amor, ao ver que ele nos deu muito mais do que esperávamos. Ainda não inven- taram nada mais inclusivo, acolhedor e respeitoso do que o amor.

Nossas alianças carregam a lembrança, cruel e ao mesmo tempo revigorante, dessa passagem das nossas vidas. Do lado de fora, mandei fazer um corte profundo, de onde brota uma pedra preciosa. Do lado de dentro, entalhei no metal a seguinte men- sagem: "Separadas pelo mundo, unidas pelo amor".

(Quase) tudo sobre minha mãe

Eu e minha mãe tínhamos então que nos olhar de frente.
Duas mulheres completamente perdidas em
seus medos, vergonhas e preconceitos.
Gabriela Leite, *Filha, mãe, avó e puta*

Existe uma mística dentro do gueto transgênero de que uma pessoa consegue transicionar com mais facilidade — e, naturalmente, menos culpa, embora esse aspecto não seja nem sequer mencionado — se puder contar com o apoio e a proteção da família, especialmente da mãe. Talvez por causa dessa crença, nos momentos mais difíceis da minha transição, eu fantasiava que as coisas seriam bem mais fáceis se eu contasse com o acolhimento da minha mãe.

Quem dispensaria um colo em momentos de extrema dificuldade? Mas minha mãe sempre foi uma ajuda bem pouco provável quando se trata de apoio afetivo. Ao contrário do meu pai, que, ao longo de décadas, sempre soube e acompanhou de perto as minhas tormentas pessoais, eu jamais tive coragem de contar a ela sobre o desassossego de identidade instalado no meu íntimo desde a minha mais remota infância. Mas, se em nenhum momento fui capaz de falar com ela sobre isso, nem do quanto eu precisava dela, ela também nunca se mostrou claramente disposta a me oferecer o amparo que eu sonhava.

Minha mãe era o oposto do meu pai. Sua lógica disciplinar era impecável e, graças a ela, a casa — e nós, os filhos — funcionávamos com a eficiência de uma fábrica alemã. Roupa limpa, banho tomado, comida na hora certa e as lições de casa feitas com total capricho e rigor. O que lhe faltava de ternura, sobrava em matéria de limpeza e organização do lar.

Filha caçula de fazendeiro rico, foi completamente saqueada pelos onze irmãos mais velhos na sua parte da herança. Por meio de jogadas desonestas, fizeram com que ela lhes entregasse tudo que o pai havia lhe deixado. Não era com meu pai que ela queria ter vivido, ela mesma me revelou numa noite em que jantávamos, logo após separar-se dele, depois de cinquenta anos de casados. Disse-me que não só nunca tinha amado meu pai, como nunca desejou ter filhos. Amou outro homem, que por algum motivo não era aceito pela família dela. Meu pai também não era aceito por eles, julgavam-no muito pobre e diziam que ele queria dar o golpe do baú em minha mãe. Gostando ou não, ela acabou se casando com ele para se ver livre da ditadura dos irmãos.

Em razão dessas intrigas familiares, meu pai, por orgulho, não quis dar o sobrenome da minha mãe a mim e aos meus irmãos. Ter o mesmo nome que o pai e não ter o sobrenome da mãe estão entre os conflitos que eu tive que enfrentar nessa vida. Assim como não é fácil carregar o nome do pai, também não é fácil não ter o sobrenome da mãe. Isso nos tira o senso de pertencimento, nos confisca o direito de reconhecer a nós mesmos e de existirmos como membros da família da mãe.

* * *

Quando Angela esteve em Belo Horizonte para o casamento de uma amiga, por volta de 2014, conversou longamente com minha mãe, tentando averiguar o quanto ela tinha consciência da minha condição de pessoa transgênera. Ela me contou que minha mãe não conseguia se lembrar de nada, disse nunca ter percebido algo diferente ou estranho no meu comportamento de criança e de adolescente. Não conseguiu se lembrar nem mesmo do fatídico dia em que me deixou trancada no quarto do hotel esperando pelo retorno do meu pai, a fim de que ele me visse vestida com o maiô dela, definitivamente um dos momentos mais traumáticos da minha vida.

Minha mãe manteve um pesado silêncio a meu respeito mesmo quando minha transição ganhou repercussão pública, quando eu, Angela e dois dos nossos filhos, Rachel e Raphael, fomos entrevistados no programa *Na moral*, do jornalista Pedro Bial. No entanto, cada vez que eu ligava para ela, ficava a nítida impressão de que ela sabia tudo o que estava acontecendo mas fazia questão de agir como se não soubesse. Nunca saberei exatamente se o silêncio da minha mãe foi motivado por um bloqueio pessoal em conversar sobre minhas questões íntimas, por um respeito, solene e sutil, à minha pessoa ou por simples desinteresse em conhecer e entender o que se passava comigo. Porém, mesmo ausente da minha vida, intencionalmente ou não, minha mãe foi figura presente em praticamente todas as sessões de análise que fiz até hoje.

Aos poucos, e tendo que reviver muitos traumas e dores psíquicas da minha infância, adolescência e vida adulta, aprendi a reconhecer e a respeitar os motivos da minha mãe, assim como o posicionamento de qualquer pessoa sobre a minha transição. Reconheço como é difícil para alguém que nunca sentiu o conflito de gênero na própria pele entender por que alguém com mulher, filhos e vida profissional consolidada resolve transicionar aos cinquenta anos de idade.

Passei quase dez anos sem ver minha mãe depois da minha transição. Conversávamos naquelas datas especiais em que todo mundo conversa, como Natal, Ano-Novo e Dia das Mães, desejando felicidades uma à outra e trocando informações estritamente protocolares a respeito de clima, saúde e de uma ou outra trivialidade do momento.

Há três anos Angela me convenceu a visitar minha mãe em Belo Horizonte. Eu estava bastante ansiosa por encontrá-la e não fazia a menor ideia de como ela me receberia. Da minha parte, contudo, não estariam mais ali a criança e o adolescente inseguros da sua própria identidade. Ela haveria de encontrar uma pessoa com muita confiança em si mesma, consciente das suas possibilidades e limitações e determinada a correr atrás dos seus próprios desejos, em vez de correr *deles*.

Alugamos um carro no aeroporto de Confins e fomos para a casa da minha mãe, que mora ali perto, em um pequeno sítio. Quando chegamos, saí do carro, toquei a campainha e fiquei esperando que ela abrisse o portão da garagem. O portão abriu automaticamente e a Angela entrou com o carro. Eu fiquei mais atrás quando, de repente, ela apareceu, olhou para mim e comentou:

— Tá bonito...

Agradeci e entramos.

Passamos dias muito agradáveis. Em nenhum momento da nossa visita o assunto da minha transição veio à tona. Ela se comportou como se nada tivesse ocorrido, como se eu ainda fosse o mesmo filho que tinha visto pela última vez havia quase uma década.

Um dia, de manhã, eu e Angela tínhamos decidido ir até o centro de Belo Horizonte fazer umas compras. Tomamos café com ela, conversamos, rimos e, já na hora de sair, minha mãe solta esta pérola em relação a mim:

—Vê se compra um batom mais claro porque esse que você está usando é muito vermelho.

A verdade é que eu comprei o batom mais claro, como ela me sugeriu. No dia seguinte de manhã, íamos sair novamente, e apareci para ela com o meu novo batom, esperando o seu comentário. De novo, tomamos café, conversamos, rimos e, só na hora de sair, minha mãe deu seu veredito sobre o meu novo batom.

— Esse ainda está muito vermelho. Você precisa comprar um tom bem mais claro.

Um batom transparente, tipo manteiga de cacau, talvez a atendesse, pensei comigo.

Descobri, recentemente, numa sessão de análise, um fato que me deixou ainda mais pensativa sobre o papel da minha mãe em minha vida. Lembrei repentinamente que ela, que ficava uma fera quando me pegava mexendo em suas roupas, costumava me levar todo sábado ao salão de beleza que uma amiga dela tinha na própria casa. Lembrei, também, que ela não se importava que eu ficasse por ali brincando de passar esmalte nas unhas. E que brigou com o filho da amiga cabeleireira, mais velho que eu, que me chamou de mulherzinha ao me ver com as unhas pintadas.

Mesmo distante como estamos, no espaço e na vida, minha mãe ainda guarda uma espécie de autoridade transcendental sobre mim. Acho que é assim com todo mundo, e trata-se de algo que vai muito além do tempo e da cultura de determinada época. Há algo de sobrenatural na relação mãe-filho que nem Freud, com toda a sua argúcia em examinar a psique humana, foi capaz de desvendar. Desconfio mesmo que a sua clássica pergunta "O que uma mulher quer?" era, na verdade, "O que uma mãe quer?".

Família, filhos, netos, tralha & tals

Não quero lhe falar meu grande amor
Das coisas que aprendi nos discos
Quero lhe contar como eu vivi
E tudo o que aconteceu comigo
Belchior, "Como nossos pais"

Quando comecei a frequentar o gueto, todos me diziam para esquecer casamento e família. Mas como esquecer, se eram as únicas coisas que eu queria preservar? O resto podia ir para o espaço, como efetivamente foi, e eu deixei ir. Mas a relação com minha companheira, meus filhos e netos, não. Era a minha própria saúde psíquica que estava em jogo. Eu sempre precisei muito deles, mas nunca tanto como naquele momento de transição. E, apesar de todas as dificuldades que enfrentamos, eles me deram tudo de que necessitei. E continuam a me dar. A família que eu queria para mim era um espaço de gente. Não uma família convencional, de fachada, mas um lugar de compreensão, acolhimento e amor incondicional. Em princípio, eu estava me propondo a algo dificílimo de ser feito. Mas acho que consegui.

Apesar do meu desejo de ser mulher, nunca tive nenhuma dificuldade ou conflito em desempenhar papéis considerados exclusivos de homem, como é o caso do papel de pai. Tal como ocorria com a minha orientação sexual, voltada para as mulheres e não para os homens, intuitivamente percebi, desde muito cedo, que ser mulher não implicava abrir mão do desempenho de papéis sociais masculinos, nos quais eu me sentia inteiramente confortável e à vontade. Ser pai era um desses papéis.

Aprendi a ser pai com o meu pai, e sempre desejei ser para os meus filhos a mesma referência sólida e acolhedora que ele foi e continua sendo em minha vida. Se eu tivesse algum conflito sobre a minha transição relacionado aos meus filhos, certamente não seria o de continuar exercendo o papel de pai, que eu sempre desempenhei com muito orgulho, mas o de deixar de ser a referência segura que sempre fui na vida da Rachel, do Raphael e do Samuel. Eu morria de medo de perder o posto de conselheiro, de solucionador de problemas, de confidente em assuntos graves e urgentes, antes de eles chegarem aos ouvidos da mãe. Transicionar nunca significou para mim deixar de ser o pai que sempre fui para os meus filhos.

Por isso mesmo, em momento nenhum eu tive medo de me abrir com eles, de lhes contar toda a minha história de vida, deixando que decidissem por si mesmos como iriam se posicionar. Pela educação que eu e Angela lhes demos e pela personalidade de cada um, eu sabia que, por piores que fossem as suas reações, ainda assim haveria carinho e respeito por mim como pessoa, pois esse sempre foi um valor fundamental na nossa família.

Eles mal começaram a falar e já eram convocados para nossas reuniões familiares, nas quais eram discutidos todos os assuntos relacionados à nossa vida em comum. Desde muito cedo, tinham que opinar sobre todos os assuntos da casa, das regras de organização e conduta ao orçamento familiar, passando pela exposição de queixas, sugestões e eventuais dificuldades de relacionamento entre nós. Tudo sempre foi discutido de forma aberta e direta, sem a preocupação boba de não serem assuntos convenientes para crianças. Eles sempre entenderam e opinaram sobre tudo, do jeito deles, é claro, como também sempre foram respeitados em suas opiniões, mesmo quando vencidas.

Eu me lembro em especial da reunião que fizemos para decidir se a família concordava com a nossa mudança para a cidade de Curitiba. Morávamos em Belo Horizonte, num condomínio fechado, e o meu desejo e o de Angela era de que as crianças fossem mais autônomas em relação à vida escolar e à vida em geral, algo muito difícil ali. O lugar era muito distante do centro urbano, o que deixava as crianças extremamente dependentes de nós dois para irem e voltarem da escola e de outras atividades. Na votação que fizemos, o Samuel foi voto vencido, sendo contra a nossa vinda para Curitiba. Mas respeitamos o seu voto, como ele soube respeitar a decisão da maioria.

Samuel, caçula dos três, sempre foi uma criança independente e ousada, com opiniões pessoais muito fortes a respeito de tudo, e sempre disposto a defendê-las até o seu último argumento. Ele nos deu a nossa linda neta mais nova, a Alice, que é a cara dele quando criança. Raphael, o do meio, é o pilar de equilíbrio da família. Com suas posições sempre moderadas e apaziguadoras, tornou-se, desde criança, um polo de convergência de todos. Deu-nos uma neta linda e maravilhosa chamada Helena. Rachel, a mais velha, sempre foi a nossa enfant terrible. Criativa e impetuosa, nos deu muito trabalho na adolescência, e três netos também lindos e maravilhosos: o Davi, o Vitor e o Pedro.

Mas contar o quê? Contar como, quando, onde? Quando a gente conta alguma coisa para alguém, o nosso eixo de comunicação é do passado para o presente. Contamos como foi e, no máximo, como está sendo. Mas é impossível contar como será, pois o futuro não está ao nosso alcance. E o futuro de alguém que se assume como pessoa transgênera é uma total incógnita: não é possível assegurar nada para ninguém, nem para nós mesmas.

A necessidade de falar com os filhos sobre a minha condição transgênera pesou muito quando comecei a sair montada em Curitiba, para me encontrar com minhas amigas também trans. Com o grau de abertura e sinceridade que sempre existiu entre nós, eu jamais ia querer que eles viessem a saber da minha vida paralela por outras pessoas, que poderiam estar não apenas desinformadas mas, sobretudo, mal-intencionadas.

Escolhi falar primeiro com o Raphael, que desde criança, por sua sensibilidade e equilíbrio, conquistou o status de pessoa mais sensata da família. A opinião dele teria, seguramente, muito peso no que eu viria a fazer, de modo que eu estava muito ansiosa por conhecer o seu posicionamento. Mas eu também estava muito segura e tranquila quanto ao que queria lhe dizer, que era, afinal, apenas um breve resumo de tudo que eu tinha vivido até então. Era dele a tarefa de avaliar a minha jornada existencial.

Ele me ouviu com toda atenção e respeito, sem fazer qualquer aparte ou demonstrar qualquer tipo de alteração no seu semblante, caracteristicamente calmo e acolhedor. Quando interrompi a minha narrativa, que já ia por uma hora ou mais, ele ainda demorou a fazer algum comentário ou expressar algum tipo de reação. Finalmente declarou, de forma suave, bem no seu estilo, que não tinha nada a me dizer exceto me apoiar, como eu sempre o tinha apoiado em todas as suas iniciativas. E que o fato de eu transicionar e passar a viver como mulher não iria modificar em nada o amor e o respeito que ele sempre teve por mim. "Independentemente de como você se veste e se apresenta no dia a dia, para mim você vai continuar sempre a ser o meu pai. Eu te admiro muito pela coragem em assumir ser a pessoa que você sempre foi e isso não me espanta nem um pouquinho, pode acreditar." E me deu um longo e generoso abraço, como se quisesse me proteger e me resguardar de todo o desconforto que ele viu que eu estava passando.

Não deixei passar muito tempo para conversar com o Samuel. Embora tão sensível quanto o irmão, desde criança ele sempre se destacou pelo modo prático e objetivo de ver as coisas, como também por uma capacidade incrível de fazer perguntas muitas vezes desconcertantes aos seus interlocutores. Assim, eu me preparei para uma conversa muito mais pautada por fatos do que por sentimentos e impressões.

"Como é que você descobriu essas coisas? Como foi que chegou a essas conclusões? E o seu trabalho como consultor, como é que vai ficar? E minha mãe, vocês pretendem continuar juntos?" — nossa conversa mal havia se iniciado e as perguntas do Samuel já tinham entrado em cena, ou melhor, dominado a cena, de modo que o nosso papo acabou sendo muito mais uma entrevista do que um depoimento. O resultado foi muito bom e animador. No final da nossa conversa, demonstrando estar satisfeito com a objetividade e o timing das minhas respostas, disse que me desejava toda a felicidade do mundo e que contasse com ele para o que desse e viesse.

Dos filhos, eu tinha conseguido não só o entendimento da minha condição mas também o apoio e a bênção para a transição. Faltava falar com a Rachel. Eu sabia que com ela as coisas não correriam de modo tão simples. Poderia haver dificuldades, não só de aceitação, mas de entendimento das minhas questões. Não que ela desconhecesse a existência, nesse mundo, de pessoas transgêneras. Cantora e compositora de muito talento, ela sempre foi da música e do palco, territórios por excelência de aceitação e respeito por todas as identidades de gênero e orientações sexuais. Contudo, apesar do seu estilo de vida totalmente fora dos padrões convencionais, Rachel sempre foi, ela mesma, a pessoa mais resistente e avessa a mudanças em nossa família. Por isso mesmo, talvez inconscientemente, fui adiando ao máximo a minha conversa com ela. Uma conversa que, a rigor, nunca chegou a ocorrer. Ou que ocorreu em hora e local totalmente impróprios e da maneira mais atabalhoada possível.

Eu me lembro que ela chegou de repente em nossa casa — nessa época, ela já morava com um companheiro — e me encontrou numa discussão feroz com Angela. Naqueles primeiros tempos da minha transição, discussões ferozes tinham se tornado rotina diária em nossa vida. Visivelmente nervosa e transtornada, não gostei nem um pouco quando a Rachel, intrometendo-se de maneira brusca no nosso bate-boca, quis que eu lhe desse explicações de por que estávamos brigando. Num ímpeto de raiva, eu me abri com ela de maneira malcriada e grosseira. "Quer saber por que nós estamos brigando? É porque eu sou TRAVESTI! Entendeu? Tra-ves-ti. Seu pai é uma travesti. É isso."

Naquele momento, senti que tinha entornado o caldo quente e me queimado de vez com a Rachel. Mais calma, tentei me explicar, mas toda explicação, naquela hora, servia apenas para diminuir ainda mais a possibilidade de ela entender e aceitar a minha condição de pessoa transgênera. No calor da fogueira, ela disse que, para ela, eu ser travesti era algo totalmente inaceitável e que eu jamais contasse com o seu apoio.

Por um bom tempo, permaneceu um grande silêncio, cheio de não ditos, entre mim e Rachel. Nossa situação só começou a melhorar quando ela participou do *Na Moral*, o programa do Bial. Naquela oportunidade, ela pôde conviver de perto com outras pessoas transgêneras, como o meu inesquecível amigo João Nery, homem trans, e minhas amigas transexuais Bianca Figueira e Maite Schneider, e talvez compreender que a transgeneridade não era nenhum capricho pessoal ou aberração, mas uma simples condição humana, das inúmeras condições a que cada pessoa está sujeita neste mundo.

Rachel voltou para Curitiba antes do restante da família, viajando ao lado da Maite, de quem se tornou amiga desde então. Sempre tenho a impressão de que esses cento e poucos minutos de voo entre o aeroporto Santos Dumont, no Rio de Janeiro, e o Afonso Pena, em Curitiba, acabaram se tornando a conversa que eu nunca tive com a Rachel. Pouco tempo depois, numa sessão de análise, eu vim a descobrir que o grande medo dela, certamente o grande medo de toda a família, não era ter que conviver comigo numa outra identidade de gênero, mas perder a figura do pai — e do marido, no caso de Angela.

O medo deles devia estar sendo alimentado por uma má comunicação da minha parte, pois, como já disse antes, abdicar dos meus papéis familiares jamais estivera nos meus planos de transição. A partir dessa constatação, passei reiteradamente a informar aos filhos e à minha companheira as minhas reais intenções ao transicionar, enfatizando sempre que, a menos que eles desistissem de mim, eu jamais desistiria deles. Não perderiam nem o pai nem o marido, ideia que, mais do que provavelmente, estava em plena gestação no inconsciente de cada um.

Se há uma coisa da qual me orgulho na minha vida é de ter dado conta — e de continuar dando conta — de ser o marido da minha mulher, o pai dos meus filhos e o avô dos meus netos, me apresentando e sendo socialmente reconhecida como mulher. Sinto-me plenamente vitoriosa e recompensada nessa luta para manter o meu status familiar, mesmo que isso ainda seja motivo de pesadas críticas e cancelamentos por parte de pessoas que, ainda que digam combater o binarismo de gênero, são suas ardorosas defensoras.

Ninguém transiciona sozinho. É preciso se lembrar sempre das pessoas que existem à nossa volta e que, desejando ou não — quase sempre não desejando —, terão de uma forma ou de outra que conviver conosco depois da transição. Para mim foi absolutamente fundamental compreender que quem estava transicionando era eu e não a minha família. E que nessas condições seria muito egoísmo, individualismo e narcisismo da minha parte exigir que eles se adequassem a mim, em vez de eu me adequar a eles.

Não faltaram sugestões, que na verdade eram quase ordens, para que eu passasse a ser chamada de coisas esdrúxulas como "marida" e "pãe", ou para que eu recomendasse aos meus filhos que, a partir de então, reconhecessem a existência de duas mães. Nesse universo de tolices fornecidas em caixas rigidamente compartimentadas, é uma vitória pessoal sem tamanho ter vencido as normas binárias de gênero, em que, para ser marido, pai e avô, é preciso ser homem.

Nenhum dos meus netos me conheceu como Geraldo. Assim, nunca tive que lhes contar nada: eles já nasceram sabendo que eu era o vovô Letícia. E isso nunca pareceu um problema nem para eles nem para ninguém da nossa família. No entanto, incomoda profundamente os que lutam para a manutenção do binarismo de gênero homem-mulher, tentando preservar não apenas o status sagrado de cada uma dessas identidades, mas todos os vínculos sociais que assegurem essa hegemonia.

Um dia, eu e meu neto Davi, na época com seis anos, estávamos na fila de um supermercado quando ele apanhou um Kinder Ovo, ao lado dos caixas, e dirigiu-se a mim.

— Vovô, compra pra mim?

Prontamente, a moça do caixa resolveu reforçar os condicionamentos de gênero que somos obrigados a engolir desde criança:

— Não é *vovô*, é *vovó*.

Ao que o Davi prontamente respondeu:

— É vovô, sim! A vovó ficou lá em casa.

Outros tempos

Tudo o que já foi, é o começo do que vai vir,
toda a hora a gente está num cômpito.
João Guimarães Rosa,
Grande sertão: veredas

Mesmo depois de elas terem ganhado modelos especificamente femininos e masculinos, é difícil pensar em alguma coisa mais unissex ou mais sem gênero do que as sandálias tipo Havaianas. No entanto, quando surgiram no Brasil, elas eram consideradas femininas. Talvez por isso mesmo tenham virado objeto de desejo para uma criança de nove anos que, teimosamente, não se identificava com o universo masculino.

Ninguém pode imaginar o quanto aquelas sandálias significaram para mim. Pensei em juntar dinheiro para comprar um par e usá-las, escondida, no banheiro. Mas, como eu não tinha renda, também não tinha de onde economizar, então aliviei minha ansiedade apelando para a criatividade. Peguei no armazém uma caixa de papelão e, pacientemente, desenhei e recortei uma palmilha do pé direito e uma do pé esquerdo. Como o papelão era muito flexível, tive a ideia de colar várias palmilhas uma na outra, formando uma base mais grossa e, consequentemente, mais rígida. Para resolver a questão estética, pois a cor marrom do papelão era horrível, decidi colar em cada pé uma palmilha branca, feita de uma folha do meu caderno de desenho. A solução para as tiras foi usar a borracha da câmara do pneu de bicicleta, e, para que não ficassem tão feias, enrolei cada uma delas em tiras de retalhos de tecidos que pedi para a minha avó. Embora o meu protótipo de sandálias de dedo tivesse sérios problemas estruturais, meu objeto de desejo tinha ficado pronto pelas minhas próprias mãos, e eu estava muito feliz por ter conseguido realizar um sonho.

Depois de testá-las na intimidade, e de ficar admirando por horas as sandálias nos meus pés, resolvi colocá-las em uso. Numa manhã, saí de casa para passear usando meu "calçado de menino". No meio do caminho, entrei num beco e troquei-o pelas "sandálias de menina". Minha autoestima estava tão elevada que em nenhum momento me preocupei se havia outras pessoas me olhando. Deve ter sido uma das maiores sensações de autonomia e liberdade que tive na vida.

Mas durou pouco. Do nada, como se todos os deuses tivessem cuidadosamente tramado contra mim, me deparei com ninguém mais, ninguém menos que meu pai. Como era de esperar, a primeira coisa que ele viu foram as minhas maravilhosas sandálias de papelão, que me mandou tirar imediatamente. Mais tarde, já em casa, houve uma daquelas suas longas preleções morais que me jogavam no fundo do poço, fazendo com que eu me sentisse a pior das criaturas. Quanto às sandálias, foram confiscadas por ele e eu nunca mais as vi. Em momento algum ele se interessou em saber o que havia me motivado tanto a produzir, por minhas próprias mãos, uma réplica de sandálias de mulher.

Esse episódio descreve de maneira fiel uma das minhas primeiras relações com gênero e sexualidade. Hoje, aos 69 anos, eu ainda tenho sessões de análise bastante tensas, quando voltam à tona episódios da dura repressão que sofri a maior parte da vida. Apesar de já terem sido passados e repassados durante o processo, os medos e os traumas da infância e da adolescência continuam vivos e atuantes.

Não me lembro mais de como era ser eu quando eu não podia ser Letícia, mas nunca vou me esquecer da aflição e de ter que viver me escondendo até de mim mesma. Chegar até aqui foi uma jornada muito difícil, cansativa e solitária. Mas eu percorreria todo esse caminho novamente, de bom grado, para poder estar onde estou agora. Enfrentei gente preconceituosa e hostil; andei por territórios inóspitos e até por campos minados, quase sempre tendo que traçar mapas e abrir estradas com minhas próprias mãos, a fim de seguir viagem.

No entanto, assim como recebi desprezo e resistência, também recebi ajuda, sem a qual eu não teria tido forças para ir adiante. Depois da minha transição, foi na psicanálise que encontrei acolhimento, amparo e um novo horizonte de vida, após ter sido invisibilizada e sumariamente excluída do mercado de consultoria pelas próprias organizações públicas e privadas para as quais prestei serviços por mais de 25 anos, com reconhecida competência e dedicação.

Falo aqui como uma psicanalista transgênera, agradecida e honrada de ter sido e continuar sendo cada vez mais bem recebida pela maior parte da comunidade psicanalítica do país. A despeito de todas as dúvidas e contradições existentes em qualquer grande sistema de pensamento, a psicanálise tem sido meu grande referencial teórico e existencial. Ela tem me assegurado não apenas o direito de produzir conhecimento a respeito da minha própria realidade transgênera, mas também de falar de mim mesma por mim mesma, e de ser ouvida com atenção e respeito pelas demais pessoas.

Há dois anos alterei o nome e o sexo de nascimento no meu registro civil, graças à decisão do Supremo Tribunal Federal reconhecendo que gênero (e sexo) não é um determinismo da natureza, mas um discurso normativo, ou seja, uma norma de conduta estabelecida pela sociedade e que, como tal, pode ser perfeitamente modificada a qualquer tempo pela própria sociedade que a criou. Com uma simples ida ao cartório, pude finalmente mudar o meu registro civil, sem necessidade de qualquer tipo de cirurgia de readequação genital, parecer de juiz, médico, assistente social e psicólogo.

Infelizmente, uma parcela da sociedade mundial, e da sociedade brasileira, tem visto essa mudança absolutamente necessária e legal como "ideologia de gênero", uma expressão sem nexo que tenta mostrar o dispositivo de gênero como mera invenção metafísica de pessoas unicamente interessadas, segundo eles, em mudar de sexo, contrariando a vontade de Deus.

Essa pequena parcela da população, basicamente ligada a religiões neopentecostais e/ou a movimentos de extrema direita, tem se apresentado como conservadora e defensora de "valores tradicionais" da sociedade brasileira quando, na realidade, defende apenas o preconceito, a discriminação e a supressão da diversidade humana, por meio da eliminação das diferenças individuais. A despeito dessa resistência, a partir do ato de reconhecimento da normalidade jurídica da condição transgênera pelo Supremo Tribunal Federal, a transgeneridade deixou de ser considerada transgressão e desvio da norma de conduta, passando a ser aceita como condição normal do indivíduo para todos os efeitos e implicações legais.

O avanço da compreensão e aceitação da condição transgênera como parte da paisagem normal da sociedade se deve enormemente ao êxito do movimento feminista ao longo do século XX. Eu afirmo e reafirmo que só me foi possível sair do armário graças às incríveis vitórias das mulheres na conquista dos seus direitos e na ocupação de espaços antes reservados exclusivamente aos homens. São tributários diretos do feminismo todas as organizações e frentes de luta pela causa LGBT, todos os movimentos de combate ao machismo e ao racismo estruturais, bem como a sensível ampliação das fronteiras da sexualidade, o contínuo aparecimento de novas transidentidades, de novas formas de relações afetivas entre os indivíduos, de novas possibilidades de concepção e gestação e de novos formatos de constituição das famílias.

Eu fui uma das milhões de vítimas de gênero. Muito antes de me afirmar numa dada categoria de gênero, todo o meu esforço atual é no sentido de desconstruir e combater gênero e identidades de gênero enquanto marcadores de hierarquias e produtores de privilégios e desigualdades entre os seres humanos. Vivi anos de enormes atribulações até aceitar ser quem eu sempre fui. Hoje reconheço estar vivendo o melhor período da minha vida. Sinto-me imensamente feliz e grata ao universo por ter assumido inteiramente a minha condição de pessoa transgênera. Nada me faria voltar à anormalidade de uma "vida normal".

Posfácio

E a viagem continua

Angela Autran Dourado

"Um dia ele chegou tão diferente do seu jeito de sempre chegar..." Olhou-me de uma maneira estranha, assustada. Colocou as malas à porta de entrada da casa, nem subiu as escadas que levam ao chalé onde moramos. Num rompante foi dizendo: "Vou embora; não quero te magoar".

Meu mundo caiu. Veio todo tipo de pensamento: não me ama mais, arrumou uma loura, gata, sexy, bem diferente de mim, uma hippie anos 1970, embora às vezes me chamasse de burguesinha.

E foi.

Pegou as malas que mal tinha acomodado no chão, colocou no Gurgel e partiu. Eu estava acostumada com suas "crises existenciais". Todo poeta é assim, meio aluado. Mas essa era diferente. Foi para onde, meu deus?

Caí no sofá e me afoguei em lágrimas. O filme da nossa vida foi passando na velocidade da luz. Lembranças de uma existência inteira, entre cartas, fotos, viagens, bilhetes de amor, poesias, planos agora desfeitos. Sentimentos de mágoa, rejeição, ressentimento. Aí veio a raiva, a culpa — sempre a danada da culpa pelas atitudes do outro.

Pouco antes de nos casarmos tinha acontecido algo parecido, que só muito tempo depois eu viria a saber a razão. Onde me agarrar? Éramos um para o outro, o outro para o um, poucos amigos, as crianças já crescidas.

Aos poucos, fui me refazendo do susto — ou surto. Tentei contato pelo celular. Nada. Mudo. Dois dias depois, que me pareceram uma eternidade, consegui que atendesse. Ufa! Está vivo. Entre muitas perguntas sem respostas, combinamos um encontro num posto de gasolina.

Sentimentos confusos, coração disparado: "Preciso lhe dizer uma coisa. Saí porque você não entenderia essa história". Tá, fala!

Lembrei que quase todos os nossos amigos e colegas de faculdade já tinham se separado, e nós resistíamos há mais de vinte e cinco anos. Então? Putz! Vai ser difícil competir com um novo alguém. Só que era alguém de muito maior poder, como eu veria depois. Até eu, "birrenta e teimosa", que sempre "confiei no meu taco" (se alguém gostar de mim vai ser do jeito que eu sou), já dava sinais de fraqueza.

— Então, conta logo! Diz o que é.

À queima roupa:

— Eu gosto de me vestir com roupas femininas.

— Oi? Mas é só isso? Bora pra casa, então. Daí você me conta o resto.

— Mas eu não sei até onde isso pode chegar...

Bora pra casa. Meu marido não tem outra(o): ele é a outra!

Entre histórias da infância, da juventude e fatos atuais, procurei não analisar nada. Isso vai passar, pensei. É só mais uma crisezinha que vai passar.

Na época, eu estava terminando a faculdade de psicologia e procurei todas as informações disponíveis sobre pessoas transgêneras. Mas não achei nada que se encaixasse na história (o primeiro livro em português, *O corpo da roupa*, dissertação do mestrado de Letícia, viria alguns anos depois).

Bom, deixa pra lá. A cada dia os seus cuidados. Viver já é o bastante. Longo caminho, porque ele ainda estava no armário.

Falando em armário, juro que nunca vi nada no dele: nem o menor vestígio de roupas femininas. Também nunca fomos de fuçar as coisas um do outro. De repente, roupas, sapatos, maquiagens e *otras cositas más* pularam da cartola mágica. Nossa! Onde estava tudo aquilo? E pior, onde colocar tudo aquilo? Sugeri montarmos um cafofo, um camarim, no quarto de serviço que não era usado.

Os filhos, estudando fora de Curitiba, só vinham nos fins de semana e nossa casa era separada da casa em que eles ficavam. Não havia perigo de ninguém ver, embora ela planejasse um dia contar a eles.

Muito loucas as *urges* e *purges*. A pessoa tem que se montar para acalmar a alma. Saíamos à noite, passávamos fins de semana fora, e eu até ajudava com as montagens. Adrenalina rolando solta. E se alguém nos visse? E a reputação? Ele era um consultor de empresas bastante conhecido. Poderiam não identificá-lo de peruca e maquiagem, mas *eu* estava literalmente desmontada. Traindo o marido com outra. Um segredo emocionante, muito surreal. Minha vida vai virar novela.

Verdade que nos divertíamos muito. Ela brincando de "boneca", embora as roupas não fizessem o meu gênero: muitos babados, paetês, purpurina. Eu, de calça jeans, sandália baiana, batinha hippie.

Lembro-me de quantas vezes fui presenteada com roupas chiques, sandálias de salto que eu jamais usaria; nada a ver comigo. Não eram pra mim: eram para ela! Minhas maquiagens se resumiam a um lápis de olho e rímel e nenhum batom (não sei conversar de batom).

Desde o acidente do pai, a vida dele tomou outro rumo. Quando caiu a imagem do pai, cheia de valores e moral, ela, que estava na gaiola de pudores e normas a serem rigidamente seguidas, se achou no justo direito de passar a viver uma vida plena e verdadeira.

Mas nesse complicado processo de mudança de gênero ela acabou sendo vítima de muitas pressões, internas e externas, sofrendo um enfarte que, felizmente, foi medicado e tratado a tempo.

Depois do enfarte, novas decisões: "Não quero mais viver escondida; vou assumir minha verdadeira identidade; contar para os filhos, contar para o mundo, me libertar desse angustiante jogo de pressões que me aflige desde a minha infância. Mesmo que me custe perder trabalho e 'prestígio'" (o que de fato aconteceu depois).

Pirei. Deixa como está. Mas a realidade é que não dava mais para convivermos com falsidade, vida dupla, jogo de papéis. Os filhos, criados para o mundo, entenderam e aceitaram. Meio estupefatos, mas já estavam acostumados com nossa família que sempre encarou mudanças com muita determinação. Só pedi a eles que, se não aceitassem o pai, respeitá-lo era imperativo da minha parte. Sempre foi um pai presente, amigo, conselheiro, assertivo. Às vezes explosivo, mas sempre muito amoroso.

E assim a transformação foi acontecendo, até a transição se efetivar de fato na Letícia.

Tá, e os outros, o que vão dizer? O padeiro, o lixeiro, os amigos, a família de origem?

A catarse veio para todos. Que peso saiu das minhas costas quando eu me abri com as "crianças" e com os amigos mais próximos. Nova jornada que vou trilhando, ainda meio trôpega, achando às vezes tudo muito louco, principalmente nessa sociedade machista e transfóbica em que vivemos.

Não nos escondemos mais, embora eu confesse permanecer nos bastidores dessa luta justa e necessária para um outro mundo possível, em que identidade de gênero e orientação sexual nunca mais serão questionadas. Admiro a coragem e a ousadia de pessoas como a Letícia. São poucas, mas existem.

A viagem continua como no convite que recebi da Letícia, gravado no pedantife que ela me deu mais de quarenta anos atrás, quando pediu para namorar comigo: "Vou viajar. Quer vir comigo?" E fui, e ainda vou, nessa viagem cheia de surpresas.

Às vezes me perco nas estações. Esse trem segue ligeiro, não espera. Tenho que abandonar algumas bagagens que não têm mais serventia. Sacudir a poeira que embaça a vista e seguir em frente "numa caminhada que não sabemos quando começou e nem quando terminará". Esse é o presente que a vida me deu. Por que eu deveria recusá-lo?

Revendo esses fragmentos, lembranças esparsas da minha história, dei-me conta de que, desde criança, tenho a estranha mania de guardar coisinhas, retalhos, alguns já rotos, que pertenceram às avós, à mãe e às tias. Pedaços que vão compondo essa colcha de retalhos que tem sido minha vida — literal e figurativamente um grande manto *à la* Arthur Bispo do Rosário, em que envolvo, com muito amor e carinho, essa família que ajudei a construir.

Poucas vezes me exponho publicamente como agora (a vida é pra ser vivida), e se o faço nesse momento é com a intenção de que esse relato possa servir de alento e estímulo às pessoas que se encontram em situações semelhantes à da Letícia, para sentirem que, sim, é possível.

Pontal do Sul, 18 de novembro de 2020

Agradecimentos

Agradeço à minha competente, amável e persistente editora, Fernanda Pantoja, pelos quatro anos de convívio, trabalho, carinho e confiança. Fernanda é a arquiteta por trás da construção deste livro, do convite inicial para eu fazer essa narrativa até a edição final de todo o conteúdo.

Agradeço à minha amiga e companheira Angela Dourado, com quem divido minha vida há quarenta e quatro anos. Leitora atenta e cuidadosa, ela é a primeira pessoa a quem submeto tudo que escrevo, recebendo sempre um julgamento muito sensível e apurado da minha escrita.

Agradeço à minha querida psicanalista Eunice Marangon, primeira pessoa com quem eu me abri de verdade, assim como ao meu querido psicanalista Antonio Brunetti, pelos anos de escuta acolhedora e intervenções exatas, que me ajudaram a fazer importantes descobertas existenciais.

Agradeço a todas as entidades e pessoas que me ajudaram a construir uma nova carreira, depois de ter sido sutil e discretamente excluída e invisibilizada como profissional de consultoria, atividade que eu já vinha exercendo, com destaque, há mais de vinte e cinco anos, exclusivamente em razão da minha transição de gênero. Felizmente, as entidades e pessoas a quem tenho que agradecer superam muito, em termos numéricos e em questão de qualidade, às que me condenaram ao ostracismo.

À Miriam Chnaiderman, psicanalista e cineasta, que foi uma das primeiras pessoas a me acolher e a me incluir na narrativa da transgeneridade, registrando a minha jornada pessoal no seu documentário *De gravata e unha vermelha*.

Ao diretor João Jardim, juntamente com sua equipe de produção e filmagem, que com muito carinho e competência tornaram pública a minha história e a história da minha família durante o nosso processo de transição, no segundo episódio da série *Liberdade de gênero*, levada ao ar pelo canal GNT.

Ao Sesc São Paulo, que me acolheu de coração, me abrindo as portas das suas unidades nesse estado para uma parceria de trabalho sincera, cordial e muito produtiva, que já dura anos.

À Ordem dos Advogados do Brasil, pelo acolhimento, carinho e atenção com que tenho sido recebida em inúmeros estados do país, especialmente no Paraná e em Santa Catarina. No Paraná, por indicação do meu amigo, advogado Antonio Marcos Quinupa, fui convidada por Rafael dos Santos Kirchhoff, então Presidente da Comissão da Diversidade Sexual e de Gênero da OAB PR, para participar do grupo como consultora externa. E em Santa Catarina, pelas muito honrosas e muito produtivas parcerias que tenho sido convidada a fazer pela minha amiga e advogada Margareth Hernandes, Presidente da Comissão de Direito Homoafetivo e Gênero da OAB SC.

Ao psicanalista Marcus André Vieira, diretor da Comissão Científica da Escola Brasileira de Psicanálise, que me convidou para fazer uma conferência no XXII Encontro Brasileiro do Campo Freudiano, cuja temática foi "A queda do falocentrismo e as consequências para a psicanálise", ocasião em que fui atenta e respeitosamente recebida e ouvida por centenas de psicanalistas de todo o país.

Aos alunos e a todo o corpo docente do Programa de Pós-graduação em Sociologia da UFPR, que me acolheram com o maior carinho e respeito, possibilitando que eu me tornasse a primeira mulher transgênera a obter um título de mestrado nessa universidade.

Ao psiquiatra e psicanalista Oswaldo Ferreira Leite Netto, que me convidou a fazer uma exposição para o Grupo de Estudos de Psicanálise e Homossexualidade da Sociedade Psicanalítica Brasileira, em São Paulo.

Ao psiquiatra e psicanalista Antonio Quinet, que me convidou para expor e debater a minha trajetória de vida na Escola de Psicanálise dos Fóruns do Campo Lacaniano do Rio de Janeiro.

Aos psicanalistas Sérgio Lopes Oliveira e Erika Parlato Oliveira, que estão à frente do Instituto Langage, de São Paulo, que têm me incluído permanentemente em sua programação, inclusive nos Seminários Brasil-França, promovidos pelo Instituto, com transmissão simultânea em ambos os países.

Ao psicanalista Gilson Iannini, organizador da obra *Caro Dr. Freud: Respostas do século XXI a uma carta sobre a homossexualidade*, que me convidou para escrever uma das cartas do livro na condição de psicanalista transgênera lésbica, algo que definitivamente não existia no repertório freudiano da época de fundação da psicanálise.

Às dezenas de pessoas analisandas que têm depositado em mim sua confiança e seus afetos, nunca avaliando a minha competência profissional nem deixando de me escolher como sua analista em virtude da minha condição de pessoa transgênera.

Notas

1. Sigmund Freud, *Obras completas volume 16: O eu e o id, "autobiografia" e outros textos (1923-1925)*. São Paulo: Companhia das Letras, 2011.

2. Simone de Beauvoir, *O segundo sexo*. Rio de Janeiro: Nova Fronteira, 2009.

3. Joan Scott, "Gender: A Useful Category of Historical Analysis". In: *Gender and the Politics of History*. Nova York: Columbia University Press, 2018.

4. Ainda que o DSM-V (*Manual diagnóstico e estatístico de transtornos mentais*, 5ª edição), da poderosíssima American Psychiatric Association, tenha dado uma "aliviada" no tratamento da transgeneridade como doença mental, na prática apenas mudou o significado da sigla GID, que representava *Gender Identity Disorder* na versão IV e passou a representar *Gender Identity Disphoria*. Pior aconteceu com o CID-11 (Classificação Internacional de Doenças, 11ª edição), da Organização Mundial de Saúde (OMS); a transgeneridade, que até o CID-10 era tratada no capítulo F-64, relativo aos Transtornos de Identidade Sexual, passou a ser tratada em um novo capítulo intitulado "Condições relacionadas à saúde sexual", na qual é classificada como "incongruência de gênero". Em outras palavras, na prática ambas as instituições médicas continuam considerando a transgeneridade uma condição patológica que requer algum tipo de tratamento.

5. Embora a norma gramatical seja outra, prefiro fazer a flexão de gênero e número do termo "transgênero", em respeito a uma linguagem inclusiva.

6. Sigmund Freud, *Obras completas volume 18: O mal-estar na civilização, novas conferências introdutórias à psicanálise e outros textos (1930-1936)*. São Paulo: Companhia das Letras, 2010.

7. Jaques Lacan, *O Seminário*, livro 7: *A ética da psicanálise (1959-1960)*. Rio de Janeiro: Zahar, 2008.

8. Sigmund Freud, "Conferência XXXIII: Feminilidade (1933)". In: *Edição standard brasileira das obras psicológicas completas de Sigmund Freud*. Rio de Janeiro: Imago, 2013, v. 22.

9. Judith Butler, *Problemas de gênero: Feminismo e subversão da identidade*. Rio de Janeiro: Civilização Brasileira, 2003.

10. O termo está sendo usado aqui no mesmo sentido em que foi introduzido por Judith Butler, de realizar uma performance compulsória e mecânica repetida à exaustão.

11. Kate Bornstein, *My Gender Workbook: How to Become a Real Man, a Real Woman, the Real You, or Something Else Entirely*. Nova York: Routledge, 1998.

12. O nome verdadeiro foi omitido.

ESTA OBRA FOI COMPOSTA PELA ABREU'S SYSTEM EM INES LIGHT
E IMPRESSA EM OFSETE PELA GRÁFICA BARTIRA SOBRE PAPEL PÓLEN BOLD
DA SUZANO S.A. PARA A EDITORA SCHWARCZ EM OUTUBRO DE 2021

A marca FSC® é a garantia de que a madeira utilizada na fabricação do papel deste livro provém de florestas que foram gerenciadas de maneira ambientalmente correta, socialmente justa e economicamente viável, além de outras fontes de origem controlada.